"十四五"普通高等教育本科部委级规划教材

U0747436

体育课程思想政治教育学导论

TIYU KECHENG SIXIANG ZHENGZHI
JIAOYUXUE DAOLUN

杜长亮　汪文君　王统领　编著

中国纺织出版社有限公司

内 容 提 要

体育课程思想政治教育学是研究体育课程思想政治教育规律以及有效组织体育课程思想政治教学活动的科学，是体育教育理论体系的一门基础学科，具有重要的学科价值。本书在总结和吸收当代思想政治教育新成果、新经验的基础上，紧密结合体育课程特点，深入论述了体育课程思想政治教育学的研究对象、学科特征、理论体系及其发展进程，并对体育课程思想政治教育学的一系列重要内容，如地位、功能与任务、教育过程及规律、主体与内容等进行阐释。

本书可作为高等院校体育教育专业的教学用书，也可供广大基层体育教育工作者学习，以提升在体育课程开展过程中更加科学、合理和有效地实施思想政治教学的能力与技巧。

图书在版编目（CIP）数据

体育课程思想政治教育学导论 / 杜长亮，汪文君，王统领编著 . -- 北京：中国纺织出版社有限公司，2025.4. --（"十四五"普通高等教育本科部委级规划教材）. --ISBN 978-7-5229-2645-2

Ⅰ . G807.01；G641

中国国家版本馆 CIP 数据核字第 2025YH1759 号

责任编辑：华长印　刘彦辰　　责任校对：高　涵
责任印制：王艳丽

中国纺织出版社有限公司出版发行
地址：北京市朝阳区百子湾东里 A407 号楼　邮政编码：100124
销售电话：010—67004422　传真：010—87155801
http://www.c-textilep.com
中国纺织出版社天猫旗舰店
官方微博 http://weibo.com/2119887771
天津千鹤文化传播有限公司印刷　各地新华书店经销
2025 年 4 月第 1 版第 1 次印刷
开本：787×1092　1/16　印张：11
字数：185 千字　定价：59.80 元

前 言
PREFACE

　　思想政治教育历来备受党和国家重视。党的二十大报告指出，"教育是国之大计、党之大计。培养什么人、怎样培养人、为谁培养人是教育的根本问题。育人的根本在于立德"。❶ 作为教育体系重要组成部分的体育课程具备思想政治教育的天然优势，体育课程思想政治教育的实施可以促进学生的身心健康、有利于塑造健全的人格、培养社会责任感和民族精神、提高学生的综合素质与竞争力，由此可见，体育课程的思政育人功能至关重要。随着国家对课程思政建设的愈发重视，体育课程思想政治教育领域的学者们也进行了积极的探索，涌现出大批有价值的研究成果和实践案例，呈现明显的学科化发展态势，形成了体育课程思想政治教育学。然而，遗憾的是肩负培养体育师资的各级、各类师范院校在开设相关课程的环节时缺乏专门的教材。基于此，为准确把握当下体育课程思想政治教育研究现状，更好发挥体育课程的思想政治教育功能，以及构建以习近平新时代中国特色社会主义思想为核心内容的体育课程教材体系，本教材基于学科视角对体育课程思想政治教育学进行专门探讨与阐释。

　　本教材在总结和吸收当代思想政治教育新成果、新经验的基础上，紧密结合体育课程特点，深入论述了体育课程思想政治教育学的研究对象、学科特征、理论体系及其发展进程，并对体育课程思想政治教育学的一系列重要内容，如地位、功能与任务、教育过程及规律、主体与内容等进行阐释。具体而言，本书共涵盖七章。

　　第一章主要对体育课程思想政治教育学的相关概念、研究对象、学科特征、理论体

---

❶ 来源于中华人民共和国中央人民政府网在 2022 年 10 月 25 日发布的《习近平：高举中国特色社会主义伟大旗帜　为全面建设社会主义现代化国家而团结奋斗——在中国共产党第二十次全国代表大会上的报告》。

系、演进发展、研究方法和研究意义进行概述。该部分主要是帮助大家对体育课程思想政治教育学有一个初步的了解和认识。

第二章主要对体育课程思想政治教育的开展在当前我国教育事业乃至社会发展中的特殊地位、功能与任务进行阐释。体育课程思想政治教育是中国教育在立德树人、促进学生全面发展、创新教学方法以及培养时代新人等方面的重要体现，充分彰显了其先进性与重要性。体育课程思想政治教育的任务不仅能够反映其本质与方向，还规定了它的基本范畴和内容，同时又影响着体育课程思想政治教育的载体和方法，是体育课程思想政治教育学研究的根本问题。

第三章主要对体育课程思想政治教育的主要原则进行总结。体育课程思想政治教育的原则不仅反映了体育课程思想政治教育的客观规律，更是指导教育活动开展的基本准则。

第四章主要梳理了体育课程思想政治教育的内在逻辑过程和规律。精准把握体育课程思想政治教育的内在逻辑和规律，可为学科设定教育内容、制定教育方针、明确教育原则、选择教育途径以及采用恰当的教育方法提供坚实的理论支撑。

第五章主要对体育课程思想政治教育的三个主体进行探析，即作为体育课程思想政治教育者的体育教师、作为体育课程思想政治教育对象的学生、作为体育课程思想政治教育主阵地的学校，这三个主体并非孤立存在，而是相互关联、相互作用，共同推动体育课程思想政治教育的深入开展，为学生的全面发展提供有力支持。

第六章主要对体育课程思想政治教育的主要内容进行归纳。体育课程思想政治教育的主要内容通过体育课程教学活动这一载体，向学生传达积极向上的世界观、人生观、价值观与道德规范，从而培养他们的思想道德素养，促进全面发展，以达成"立德树人"的教育目的。

第七章主要对体育课程思想政治教育的主要载体进行探究。思想政治教育是一项教育人的实践活动，需要通过一定的载体才能进行，体育课程思想政治教育也不例外。对体育课程思想政治教育载体的含义、类型、特征及作用的准确认知有利于体育课程思想政治教育的开展，并提高其效能。

总体而言，本书的出版不仅是对体育课程思想政治教育相关研究的梳理和系统化，还是对体育课程思想政治教育这一研究领域进行学科化探索的前瞻性理论成果。本书可以作为高等院校体育教育专业的教学用书，也可供广大基层体育教育工作者学习、掌握和提升在体育课程开展过程中更加科学、合理和有效地实施思想政治教学的能力与技巧。

　　本书在编写过程中，引用了诸多学者的理论与观点，在此表示衷心感谢，本书的出版得到了中国纺织出版社有限公司的大力支持，在此一并表示感谢。

　　因编者水平有限，书中难免有不当之处，恳请读者们提出宝贵意见。

杜长亮

2024 年 8 月

目 录
CONTENTS

第一章

概论

第一节　体育课程思想政治教育学概述

"党的十八大以来，党中央始终坚持把学校思政课程建设放在教育工作的重要位置"❶，体育课程涉及的内容素材相当丰富，其中蕴含着大量即时性和长期性的思政教育元素，❷具备思想政治教育的天然优势，我国对体育课程教学融合思政元素的探索也是由来已久。经过体育课程思想政治教育领域的积极探索，体育课程思想政治教育学呈现明显的学科化发展态势。

研究体育课程思想政治教育学，首先需要对其基本相关概念和范畴、研究对象、学科特点及理论体系有理性的了解和认知。本节将对这些内容进行专门探讨和简要介绍，以帮助我们对其有一个基本的把握。

一、体育课程思想政治教育的相关概念

体育课程思想政治教育是思想政治教育在体育教育领域的一个特殊实践载体，体育课程思想政治教育学是思想政治教育学的一个重要分支。思想政治教育学是关于思想政治教育发展规律的科学。❸体育课程思想政治教育学是关于体育课程思想政治教育发展规律的科学。概念的准确定位和规范表述是深入开展相关分析和探讨的逻辑起点和理论前提，直接关涉研究的严密性、系统性与科学性。"体育课程思想政治教育作为一个整体概念，其核心要素是'体育 + 课程 + 思想政治'"❹，因此，阐释体育课程思想政治教育的概念，首先要对思想政治教育等相关概念进行考查。

---

❶ 来源于中华人民共和国中央人民政府网在2023年5月11日发布的《习近平对学校思政课建设作出重要指示强调：不断开创新时代思政教育新局面　努力培养更多让党放心爱国奉献担当民族复兴重任的时代新人》。

❷ 赵富学，黄桂昇，李程示英，等：《"立德树人"视域下体育课程思政建设的学理释析及践行诉求》，《体育学研究》2020年第34期。

❸ 陈万柏，张耀灿：《思想政治教育学原理》，高等教育出版社，2007，第2页。

❹ 武冬：《体育课程思政原理、设计、问题研究》，《北京体育大学学报》2022年第45期。

"思想政治教育"这一概念的提出和形成有其特殊的历史过程。根据演变的历史过程来看，相关概念主要包括："政治工作""思想工作""思想政治工作""思想政治教育""政治思想工作"等，它们之间有着紧密的内在联系，实践应用的场景也非常广泛，甚至在实际工作中很多时候会被当作同一概念去使用。这些概念之间虽联系紧密但也存在差异，但基于历史发展的角度，这里仅着重对"思想政治教育"的概念进行辨析。教育是社会按照一定的需要培养合格的社会成员的实践活动。狭义的教育专指学校教育，即在学校这样的机构内，按一定的社会要求，有目的、有计划、有组织地培养学生，尤其是培养青少年的思想品德、知识与技能、智力和体力的社会实践活动。在本书中，我们将"思想政治教育"的范畴框定为一种教育实践活动，主要在学校教育这一特定场域内对其进行探究。

1983 年教育部确定在高校设置思想政治教育学学科❶，从学科角度看，"思想政治教育是运用马克思主义理论与方法，专门研究人们思想品德形成、发展和思想政治教育规律，培养人们正确世界观、人生观、价值观的学科"❷。作为社会实践活动，"思想政治教育是教育者与受教育者根据社会和自身发展的需要，以正确的思想、政治、道德理论为指导，在适应与促进社会发展的过程中，不断提高思想、政治、道德素质和促进全面发展的过程"❸。课程是学科知识的整合，是学科和专业发展的支撑，而"课程思政"就是将思想政治教育渗透到课程知识、经验或教学活动中的实践过程，可谓"思政寓于课程""课程承载思政"。❹课程思政是指以构建全员、全程、全方位育人格局的形式，将各类课程与思想政治理论课同向同行，形成协同效应，把"立德树人"作为教育根本任务的一种综合教育理念。❺体育课程是学校教育课程设置的重要组成部分，是以身体练习为根本特征，以传授体育学科知识和运动技能为基础，以增进学生体质、提升体育素养、促进身心健康、培养完善人

---

❶ 郭建斌：《思想政治教育学学科建设的回顾与展望》，《湖北社会科学》2023 年第 12 期。

❷ 来源于国务院学位委员会、教育部在 2008 年 4 月 25 日发布的关于调整增设马克思主义理论一级学科及所属二级学科的通知，发文字号：学位〔2005〕64 号。

❸ 教育部思想政治工作司组：《大学生思想政治教育理论与实践》，高等教育出版社，2009，第 2 页。

❹ 邱伟光：《课程思政的价值意蕴与生成路径》，《思想理论教育》2017 年第 7 期。

❺ 董翠香，樊三明，朱春山，等：《从认识到实践：高校体育教师课程思政教学问题聚焦与消解策略》，《武汉体育学院学报》2022 年第 56 期。

格为目的的制度性教学安排。❶ 因此，"体育课程思政"是指体育教师在传授体育课程知识的过程中引导学生将所学的体育知识转化为内在的德性，转化为自己精神世界的有机构成，转化为自己的一种能力或素质，成为个体认识世界与改造世界的基本能力与方法。

综上，体育课程思想政治教育是指体育教师在传授体育课程知识的过程中用一定体育领域的思想观念、道德规范、行为准则等对其教育对象施加有计划、有目的、有组织的引导或影响，以促进他们能够形成符合社会发展所需要的具有一定思想品德教育意义的体育教学实践活动。因此，体育课程思想政治教育学是研究体育课程思想政治教育规律以及有效组织体育课程思想政治教学活动的科学，它是体育教育理论体系的一个基础学科，有着重要的学科价值。

二、体育课程思想政治教育学的研究对象

每一门学科都有自己特有的研究对象，确定研究对象是一个学科成立的根据和发展的逻辑起点。"科学研究的区分，就是根据科学对象所具有的特殊的矛盾性。因此，对于某一现象的领域所特有的某一种矛盾的研究，就构成某一门科学的对象。"❷ 要确定体育课程思想政治教育学的研究对象，首先就要考查体育课程思想政治教育学是否具有特殊的研究领域，该领域的特殊矛盾是什么。

"思想政治教育的对象是人，坚持思想政治教育，就是要使人们形成符合社会发展要求的思想品德，进而推动社会向前发展。人的思想观念、政治观点、道德品质的形成、变化和发展，这些都是思想政治教育学特殊的研究领域。对人的这一方面的研究，其目的就是要摸清人的思想行为变化发展的规律，从而有针对性地进行思想政治教育，使人们的思想向社会发展所要求的方向变化，进而促成人的全面发展。"❸ 体育课程思政不是思政课程，是基于体育专业知识体系教育基础上的思想政治教育。❹ "体育课程思政也并非'体育课程'与'思政教育'的简单叠加，而是发掘、整合和运用课程本身所能够孕育和生发的思政教

---

❶ 胡德平：《体育课程思政的理论内涵、内容体系与建设路径》，《武汉体育学院学报》2022年第56期。

❷ 毛泽东：《毛泽东选集　第一卷》，人民出版社，1991，第309页。

❸ 陈万柏，张耀灿：《思想政治教育学原理》，高等教育出版社，2007，第6页。

❹ 常益，张守伟：《高校公共体育课程思政的价值意蕴、目标指向及实践路径》，《北京体育大学学报》2021年第44期。

育资源，并将马克思主义基本原理、社会主义核心价值观、中华优秀传统文化、中华体育精神等要素有机融入课程之内，实现思政课程与课程思政的协同育人，达成以文化人和以体育人的综合育人。❶《高等学校课程思政建设指导纲要》中明确要求"结合专业特点分类推进课程思政建设"，并对体育类课程推进课程思政建设提出了基本要求："体育类课程要树立健康第一的教育理念，注重爱国主义教育和传统文化教育，培养学生顽强拼搏、奋斗有我的信念，激发学生提升全民族身体素质的责任感。"❷ 因此，"社会发展对学生的基本要求与学生实际思想品德水准之间的矛盾"是体育课程思想政治教育学研究领域的特殊矛盾。这一矛盾是体育课程思想政治教育之所以存在的基本依据和主要的发展动因，对这一矛盾的研究就构成了体育课程思想政治教育学的研究对象。

研究矛盾是为了解决矛盾。而对于体育课程思想政治教育来说要解决这一矛盾，就必须把握学生思想品德形成和发展的规律，并根据这一规律在体育课程教学过程中对学生进行思想政治教育。换言之，"既要遵循思想政治教育规律，又要遵循学生成长规律，才能充分疏浚体育课程思政的主渠道，才能把做人做事的基本道理、社会主义核心价值观的基本要求、实现中国梦的伟大理想和责任担当润物细无声地渗透到体育课程教学之中。"❸ 无疑，"两个规律"是紧密相联的，对学生思想品德的形成与发展规律的深入研究和准确把握，是对体育课程思想政治教育规律研究、把握的前提与基础，两者内在统一地构成体育课程思想政治教育学的研究对象。由此，我们认为体育课程思想政治教育学的研究对象为学生思想品德的形成与发展规律以及在体育课程教学过程中对学生进行思想政治教育的规律。

三、体育课程思想政治教育学的学科特征

学科的特征是元学科研究的重要内容。❹ 通过分析可知，体育课程思想政治教育学主要呈现四个特征。

---

❶ 张洋，张泽一，魏军：《高校体育课程思政：育人特性、实践样态与行动方略》，《体育文化导刊》2022年第3期。

❷ 来源于中华人民共和国中央人民政府网在2020年5月28日发布的教育部关于印发《高等学校课程思政建设指导纲要》的通知，发文字号：教高〔2020〕3号。

❸ 刘纯献，刘盼盼：《体育课程思政的内容、特点、难点与价值引领》，《体育学刊》2021年第28期。

❹ 方千华，王润斌，徐建华，等：《体育学基本理论与学科体系建构：逻辑进路、研究进展与视域前瞻》，《体育科学》2017年第37期。

（一）实践性

体育课程思想政治教育学具有鲜明的实践性特征，是一门典型的应用型学科。这种实践性突出地表现在它是建立在长期的、丰富的思想政治教育和体育教育实践经验基础之上的。"体育课程思政的出发点和落脚点是要将体育专业知识技能与理论信仰、价值观念结合起来，实现知识传授与价值引领的融合。"❶ 从理论形态上看，它既不是思辨的产物，也不是推理的结果，而是在对大量经验材料的占有、分析和研究的基础上建构的。体育课程思想政治教育学研究的素材直接源于体育课程思想政治教育的实践之中，要从对实践素材的分析中提出新见解，得出新结论或验证已有理论。我们学习和研究体育课程思想政治教育学的最终目的也是为了用它来指导体育课程思想政治教育的实践，使之更加科学化。因此，体育课程思想政治教育学的理论一刻也不能脱离实践，它在体育课程思想政治教育实践中逐步形成，再去指导体育课程思想政治教育的实践并受到实践的检验，随着实践的发展而趋于完善。

（二）综合性

首先，思想政治教育学的综合性特征表现为它在探讨人的思想品德形成和发展规律时，在研究思想政治教育领域的现象和问题时，总是对与其相关的各种社会因素、心理因素乃至一些自然环境因素作多变量的综合考察。"体育课程思政是体育教育的重要内容，也是以体育人、促进学生全面发展的方法载体。"❷ 在现实生活中，每个人都是"立体人"，其思想和行为都受到多层次社会关系的制约，每一种思想政治教育的现象和问题也都受到多种因素的影响。因此，必须从多角度、多侧面对人的思想和行为，对各种思想政治教育现象和问题进行"立体"的综合分析，切不可将复杂的人、复杂的现象简单化。其次，其综合性特征还表现为思想政治教育学要借鉴和运用多学科知识进行研究。它不仅要运用马克思主义理论以及在其指导下形成的本学科的基本知识进行研究，同时还要借鉴、融合教育学、伦理学、社会学、政治学、心理学等相关学科的知识于研究工作之中。凡是能够用来说明人的思想和行为、说明思想政治教育现象的知识，思想政治教育学都可予以借鉴。

---

❶ 徐成立，罗秋兰，孙军，等：《高校体育课程思政建设现实困境与优化策略》，《体育文化导刊》2021年第9期。

❷ 周启迪，王殿玺，刘佳：《新时代学校体育课程思政何以促进高中生全面发展——多重中介效应分析》，《沈阳体育学院学报》2024年第43期。

当然，借鉴不是简单地照搬，而是根据思想政治教育学研究的实际将其"熔为一炉"。只有这样，才能更好地进行思想政治教育学的理论研究。

（三）复杂性

体育课程思想政治教育建设是一项长期事业和系统工程❶，不仅课程内部涉及的运动项目数量繁杂、课程的实施对象具体多元，而且外部与思想政治教育学和专业运动技能课程密切联系，显性教育与隐性教育交织融汇，因此其也表现出一定的复杂性。体育课程的教学实践涉及要素众多，对其开展课程思想政治的建设，不仅需要在遵循运动技能形成与发展规律、人体运动疲劳与恢复等基本的科学原理、机制的基础上，对体育课程的结构要素实施有针对性的修订和完善，还需要进一步引导体育课程的管理者、规划者、实施者以及评估者等多方主体加强对教育能力的提升、知识体系的重构及教育理念的重塑，在落实好"教会、勤练、常赛"的过程中实现"立德树人"的全面把握。"体育课程思想政治教育的动态实践，应努力避免陷入过犹不及或浮于表面的尴尬困局，要在复杂丰富的显性技能教育实施过程中，涵养学生的行动思维、价值理念和德性智慧，传递利国、利民、利他的德行规范，促进学生在面对由'控制逻辑'和'分数逻辑'参与的显性教育时，可以获得伦理规范的辨析能力和良善道德的体悟能力，从而抛弃外在于、脱离于、对立于人生命价值和德性价值的功利主义，转去追求内在于、依赖于、从属于人的本质发展的人道主义，构建显隐相结合的教育模式。"❷

（四）场景化

体育课程思想政治教育的又一鲜明特点就是教学实施的场景化，这一特点主要是指将体育课程与思想政治教育相融合，并通过真实具体的、模拟生动的场景来实施体育课程思想政治教育，以增强学生的参与感和体验感，从而达到更好的教育效果。"体育课程思政元素要与问题情境相契合，可以在学生完成任务过程中被特定情境激发出来，符合问题情

---

❶ 赵富学，李林，丰涛，等：《体育课程思政建设的内生素材向优质案例转化研究》，《体育学研究》2022年第36期。

❷ 王坤，陈国壮：《高校公共体育课程思政元素内容体系构建与项群化应用——以上海交通大学为例》，《体育学刊》2024年第31期。

境对学生所产生的催化反应。"❶ 在教学过程中，体育课程主要是通过知识点的教学来构建学生的体育知识体系，通过运动技术与方法的传授让学生掌握体育技能，增进学生体质，促进身心健康，并在此基础上，由身体而精神，充分发挥体育对身体的规训作用和体育教学的教育功能，"把体育课堂营造出引导学生遵守社会行为规范、践行社会规范的模拟场景"。"体育课程思政是体育教育教学领域的一场理念革命与观念再造，实质是在价值引领下实现教师的深度体育教学和学生的深度体育学习"❷，其本质仍然是体育课程。由于体育课程思政资源的来源不同，形成了类型各异的资源形态，如地方资源、校本资源、典型体育人物、经典体育故事、红色体育资源、体育品德素材、体育精神资源等。❸ 体育课程本质属性在于"身心兼修、魂魄并铸"的人的社会属性的培养。❹ 多样化的体育学习形式，不仅有利于满足学生的道德培育需求，也直接指向学生道德品质的提升，使"践德"成为体育课程"立德树人"进程中推动学生"致学"的高阶学理枢纽。❺ 场景化能够将抽象的思想政治教育内容具体化、生动化，使学生在实践中体验和理解，从而增强教育的吸引力和感染力，提升教育效果。此外，体育课程思想政治教育学的应用场景丰富多样，涵盖了体育比赛和活动、体育教学和训练、体育规则和道德教育、民族传统体育活动、体育志愿服务和社区活动以及体育课程思政课程效果评价等多个方面。这些应用场景能够有效地将体育教育与思想政治教育相结合，实现学生的全面发展。

四、体育课程思想政治教育学的理论体系

每门学科都有其独特的知识体系、概念、范畴、术语，以及由此构建的基本理论和研究方法。这些元素共同定义了一门学科的独立性和研究范畴。体育课程思想政治教育学，作为一个融合了体育与思想政治教育的跨学科领域，同样具备这些特征。对于一个学科而

---

❶ 王慧莉，吕万刚:《表现性评价在体育课程思政建设中的应用研究——以体育教育专业体操类专项课程为例》,《体育学刊》2022年第29期。

❷ 周生旺，程传银，李洪波:《身体在场与生命意蕴:深度体育教学的价值诉求与实践创生》,《天津体育学院学报》2021年第36期。

❸ 赵富学，彭小伟:《体育课程思政建设的思维向度转换与推进理路生成》,《上海体育学院学报》2022年第46期。

❹ 何劲鹏，姜立嘉:《身心兼修、魂魄并铸:论体育课程的本质属性》,《体育学刊》2010年第17期。

❺ 赵富学，黄桂昇，李程示英，等:《"立德树人"视域下体育课程思政建设的学理释析及践行诉求》,《体育学研究》2020年第34期。

言，"基本理论不是可有可无，而是非搞不可"❶。在体育课程思想政治教育学中，其专门知识包括但不限于体育教育的理论和实践、思想政治教育的原理和方法，以及二者如何有效结合的策略。该学科也拥有一系列专门的概念、范畴和术语，如"体育精神""运动伦理""思政教育融入"等，这些构成了该学科的基本理论框架。

（一）思想政治教育学的基本理论

体育课程思想政治教育学是思想政治教育学的一个重要分支，是在体育教育领域的一个特殊实践载体。因此，思想政治教育学的基本理论是它得以建构的重要理论基础，主要表现为思想政治教育学特有的一系列基本概念和基本原理，包括思想政治教育学的理论基础，即马克思主义思想政治教育理论的研究，思想政治教育学研究对象的研究，思想政治教育学基本范畴的研究，思想政治教育的地位和功能的研究，人的思想品德形成发展规律的研究，思想政治教育的过程及其规律的研究，思想政治教育者与教育对象的研究，思想政治教育的目的、任务、内容及原则的研究，思想政治教育与环境的研究，等等。有关这些不同方面的研究成果就构成了思想政治教育学的基本理论体系。

（二）体育教学的基本理论

体育课程思政不是思政课程，是基于体育专业知识体系教育基础上的思想政治教育，其本质仍然是体育教学的实践。体育教学的基本理论依据主要包括以下几个方面：①认识事物的规律。体育教学需要遵循学生对于体育知识和技能的认识规律，从浅入深，由易到难，逐步引导学生掌握体育知识和技能。②动作技能的形成规律。体育教学要依据动作技能的形成规律，通过反复练习和反馈，使学生逐步掌握正确的动作技能，提高运动表现力。③人体机能的适应性规律。体育教学应遵循人体机能的适应性规律，合理安排运动负荷和休息时间，以提高学生的身体素质和运动能力。④人体生理机能活动能力变化的规律。在体育教学过程中，教师需要关注学生生理机能的变化规律，根据学生的身体状况和运动能力调整教学内容和方法，确保教学的安全性和有效性。总之，体育教学的理论依据是多方面的，包括认识事物的规律、动作技能的形成规律、人体机能的适应性规律以及人体生理机能活动能力变化的规律。这些理论依据共同构成了体育教学的基础，为教学实践

---

❶ 王甦，林仲贤，荆其诚：《中国心理科学》，吉林教育出版社，1997，第224页。

提供了科学的指导。

综上所述，体育课程思想政治教育学作为一门独立的学科，不仅拥有自己独特的专业知识和理论体系，还采用了多元化的研究方法，以深入探讨体育与思政教育相结合的有效途径，从而促进学生的全面发展。这使体育课程思想政治教育学能够作为一门独立的学科，在体育教育和思想政治教育领域发挥重要作用。

第二节　体育课程思想政治研究的演进与发展

体育具备思想政治教育的天然禀赋，体育教学融合思政元素的探索由来已久。"体育课程思政"虽然是一个新兴概念，但早已存在于传统的体育课程教学之中，只是没有对它进行特别的强调并给予细心的梳理。❶ 随着新时代课程思政研究的如火如荼，体育思政研究也日趋活跃，涌现了一批优秀研究成果。为准确把握当下体育思政研究现状，更好地发挥体育的思政功能，我们有必要对现有研究进行系统的分析、归纳和总结，并对研究演变的趋势进行精准预测。

由此，本研究在全面梳理我国体育思政研究演进脉络的基础上，运用 CiteSpace（5.7.R2 版）软件对构建的数据库进行可视化处理。以图谱的形式将现有研究的演进历程、学术共同体和研究热点等进行直观呈现，并在对图谱科学解读基础上结合典型文献内容对研究前沿进行展望，以期为我国体育思政领域的实践探索和学术研究提供借鉴。

一、研究方法与数据库构建

（一）研究方法

研究主要采用科学知识图谱法和社会网络分析法两种方法。

1. 科学知识图谱法

科学知识图谱是将某领域科学知识群作为研究对象，借助特定绘图软件生成的能够直观

---

❶ 熊双，蒋毅:《"立德树人"视域下高校体育课程思政建设的价值意蕴与实践路径》,《南京体育学院学报》2021 年第 20 期。

呈现该领域科学知识生产的演进历程与知识单元间结构关系的一类特殊图形。❶ 由于科学知识图谱兼具"图"与"谱"的双重特征与属性，不仅能够在形式上将抽象的科学知识转化为可视化的直观图形，同时又可以在本质上将这些科学知识单元之间的复杂关系解构为序列化的动态谱系。因此，在当今知识大爆炸的背景下，通过系列科学知识图谱的绘制，不仅有助于我们梳理和透视人类海量知识体系中不同领域内部复杂知识的网络结构，还能够启发我们对特定领域科学知识和技术前沿最新发展的未来态势进行预测和解读。❷ 常用的绘制科学知识图谱的软件有 Bibexcel、SPSS、Ucinet、Netdraw、WordsmithTools、CiteSpace 等。

本课题选用德雷塞尔大学（作者共被引分析发源地）的陈超美（Chaomei Chen）教授开发的 CiteSpace（5.7.R2 版）: Information Visualization 信息可视化软件对构建的数据库进行可视化处理。目前，该软件在国内得到广泛应用，❸ 是近年来在全美乃至全世界信息可视化分析中最具有特色和影响力的软件之一。

2. 社会网络分析法

社会网络分析（Social Network Analysis）源于社会计量学（Sociometrics）。社会网络分析以关系为基本研究单位，近年来，该方法在社会学、心理学、经济学及管理学等诸多学科领域已经得到了广泛的应用，并展示出了其独特的应用价值。

"社会网络将预设每一个行动者与其他行动者之间在不同程度上都存在或多或少的复杂关系为前提，进行社会网络分析的目的就是通过以构建上述关系模型的形式来描述和解构群体内部个体之间关系的结构，从而折射出该结构所赋予的对群体功能以及群体内部个体的不同影响。"❹ 将社会网络分析的技术和方法引入本研究，目的是为寻找我国体育思政研究演进过程中典型文献的关键词、作者和机构，并分析它们之间的关系。

（二）数据库构建

1. 数据来源平台的选取

科学知识图谱分析对文献数据的依赖是天然的。本文选取中国知网（CNKI）——学术

---

❶ 侯海燕:《基于知识图谱的科学计量学进展研究》，博士学位论文，大连理工大学，2006。

❷ 刘则渊，陈悦，侯海燕，等:《科学知识图谱方法与应用》，人民出版社，2008第15页。

❸ 高明，段卉，韩尚洁:《基于CiteSpace Ⅲ的国外体育教育研究计量学分析》，《体育科学》2015年第35期。

❹ 马庆国:《管理统计》，电子工业出版社，2004年第43页。

期刊全文数据库作为研究样本数据来源平台，该平台是目前国内学术研究和科学决策的第一数据库❶。从该数据库平台检索遴选本研究需要的样本数据进行套录，构建研究样本数据库。

2. 数据的检索、去噪和清洗

达尔文曾经说过，"科学就是整理事实，以便从中得出普遍的规律和结论。"对本文来说，我国体育思政研究领域的相关文献就是"事实"。选择恰当的检索方法是保证获取数据准确性与完整性的前提，本研究将检索式设定为："主题＝思想政治教育或思政教育"和"学科＝体育"在中国知网（CNKI）平台进行检索，共检索到相关文献1386篇。

数据清洗，其目的是检测数据中存在的错误、残缺、不一致、不完备、重复等问题，剔除或者改正它们，以提高数据的质量。在数据挖掘中，数据清洗是数据预处理的第一步，清洗的结果直接关系到后面的数据转换、模式识别、统计分析与挖掘。❷本研究将检索到的数据样本逐一甄别，剔除其中54篇重复文献，并将剩余1332篇按照CiteSpace可视化软件和内容分析需求格式导出，构建起研究样本数据库。

二、研究内容的时序特征

通常来说，考量某一领域研究的总体发展状况，首先要看该领域公开发表论文数量的时序特征。❸体育思政研究领域发表文献的数量能够在一定程度上反映我国在该领域的整体研究水平和发展演变状况。根据所构建的数据库，本研究统计了中国知网平台收录的关于我国体育思政研究论文年度发表数量，绘制出我国体育思政研究文献时序分布图（图1），直观地呈现出研究演进的时间脉络。

根据图1可见，我国体育思政研究领域文献的时间维度分布总体呈增长趋势，具体表现为2018年之前增速缓慢，2018年之后增速激烈。仅从图1年度发文数量曲线来看，2018年度为爆发式增长的起点，2018年后文献数量呈直线上升，直至达到在可统计范围内作为发文量最高峰的2020年度。文献数量年度变化的曲线可直接反映我国体育思政领域研究演进的时间脉络，这是一种现象，而我们真正需要的是透视这一现象的本质，并探

❶ 刘梓汐，罗盛锋：《我国红色旅游研究进展及趋势—基于CiteSpace计量分析(2009—2019)》，《社会科学家》2020年第11期。

❷ 鲍洪庆，石冰，王石：《一个基于领域知识的数据清洗框架》，《信息技术与信息化》2005年第5期。

❸ 罗家德：《社会网分析讲义》，社会科学出版社，2010，第149-227页。

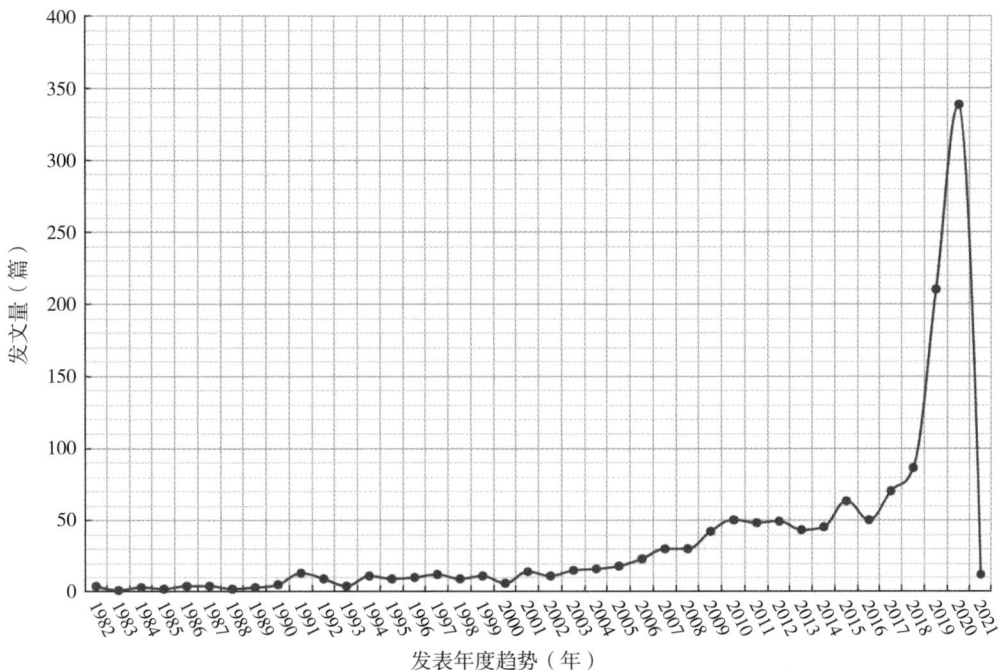

图 1　我国体育思政研究文献时序分布图

寻现象背后的原因。

　　本研究认为导致这一现象出现的原因是新时代党和国家领导人对思政教育的高度重视，以及由此制定的路线方针和政策的示范与引领效应的发挥。2017 年 12 月 6 日，在全国高校思想政治工作会议召开一周年之际，教育部发布了《高校思想政治工作质量提升工程实施纲要》。❶《纲要》的发布将我国思政工作全面推向高峰，体育思政作为"大思政"建设的重要组成部分自然不可置身此外，随之在大潮流中涌动。2018 年 9 月，教育部又发布了《关于加快建设高水平本科教育全面提高人才培养能力的意见》（以下简称《意见》），《意见》指出，"强化课程思政和专业思政。在构建全员、全过程、全方位'三全育人'大格局过程中，着力推动高校全面加强课程思政建设，做好整体设计，根据不同专业人才培养特点和专业能力素质要求，科学合理设计思想政治教育内容。强化每一位教师的立德树人意识，在每一门课程中有机融入思想政治教育元素，推出一批育人效果显著的精品专业课程，打造一批课程思政示范课堂，选树一批课程思政优秀教师，形成专业课教学与思想政治理论课教学紧密

---

❶ 来源于人民网在 2017 年 12 月 6 日发布的教育部发布《高校思想政治工作质量提升工程实施纲要》。

结合、同向同行的育人格局。"❶ 体育课程思政研究从此拉开大幕。此外，教育部还于 2020
年 5 月印发《高等学校课程思政建设指导纲要》（以下简称《纲要》），《纲要》指出："把思
想政治教育贯穿人才培养体系，全面推进高校课程思政建设""让所有高校、所有教师、所
有课程都承担好育人责任，守好一段渠、种好责任田，使各类课程与思政课程同向同行，
将显性教育和隐性教育相统一，形成协同效应，构建全员全程全方位育人大格局"。❷ 至此，
体育课程思政建设与"大思政"深度融合。"时代是思想之母，实践是理论之源"，国家重
要政策的实施引领了我国广大学者们对体育思政领域研究的持续关注和精力投入。

三、研究内容的演进过程

根据某时期文献中词汇的共现信息可以确定研究领域的主题，揭示文本所代表的学科
领域中主题间的关系，在一系列的时间区间里进行比较，能够发现学科的发展变化趋势。❸
关键词是文章主题的高度概括，其频次、关联度、突现性等可以揭示该领域的研究热点、
内在联系。❹ 基于此，本研究通过对样本关键词共现和关键词突现分析，锚定高频关键词
和突现词，从中提取研究热点，分别解读关键词共现、聚类和突现图谱呈现的主要研究内
容和演变历程；然后再通过关键词聚类时间图谱，结合样本文献研究的内容，镜像研究热
点，探析研究热点主题，并对研究趋势进行预测。

（一）研究的整体图景

通过对图 2 的关键词共现和图 3 的关键词聚类两个图谱进行解读，整体上，我国体育
领域的思想政治工作由来已久（文献可见始于 1982 年），一直以来思想政治教育工作在我
国体育事业发展的实践过程中发挥着重要的作用，从未缺席。体育是一项能够促进身体、
精神、意志和智慧四者融为一体的体验式、综合性的教育过程，参与体育运动不仅能够有
效地提升参与者的综合素质，在对思想品德、智力发育、审美素养和健康生活方式的形成

---

❶ 来源于中华人民共和国教育部在 2018 年 10 月 17 日发布的教育部关于加快建设高水平本科教育全面提高人才培养能力的意见，发文字号：教高〔2018〕2 号。

❷ 来源于中华人民共和国教育部在 2020 年 6 月 5 日发布的教育部关于印发《高等学校课程思政建设指导纲要》的通知，发文字号：教高〔2020〕3 号。

❸ 王曰芬，宋爽，苗露：《共现分析在知识服务中的应用研究》，《现代图书情报技术》2006 第 4 期。

❹ 李琬，孙斌栋：《西方经济地理学的知识结构与研究热点——基于 CiteSpace 的图谱量化研究》，《经济地理》2014 年第 34 期。

图 2 我国"体育思政"研究文献关键词共现图谱

图 3 我国"体育思政"研究文献关键词聚类图谱

方面具有不可替代的作用。❶ 由此，具备思想政治教育禀赋的体育运动，天然地成为开展思想政治教育的理想载体，也引发学者们的广泛探究，无论是竞技体育思想政治工作，还是学校体育思想政治教育都发表了一大批典型的学术成果。

具体来说，我国体育思政领域的研究主要集中在以下方面：竞技体育各级各类项目运动员（队）的思想政治教育和管理工作；国际竞技比赛取胜而引发的爱国主义和集体主义教育；奥林匹克所蕴含的思政教育功能梳理；中华体育精神教育；学校体育教育对党的教育路线的执行；立德树人背景下学校体育思想政治工作；不同层次学校体育教学思政教育元素的聚焦与挖掘；体育教学与思政教育的互相借鉴与融合；不同层次学校体育教学的课程思政建设；学校体育各项目的课程思政教学；新媒体时代背景下体育思政建设；体育思政对特殊学生群体的教育干预；"大思政"背景下体育课程思政的建设等。

（二）研究内容的阶段特征

关键词突现率可以反映一段时间内影响力较大的研究领域，帮助分析该领域阶段性热点问题。❷ 关键词突现结合聚类时间线图谱可以透射研究的阶段性特征。通过对图 4 的关键词突现和图 5 的关键词聚类时间线两个图谱进行解读，本研究认为我国体育思政领域的研究呈现以下阶段性特征：

第一，2003 年以前的"一家独大"阶段，这一阶段主要侧重于竞技体育各级各类项目运动员（队）的思想政治教育和管理工作；国际竞技比赛取胜引发的爱国主义和集体主义教育等研究。第二，2003 年至 2017 年间的"秋色平分"阶段，这一阶段主要是随着学校体育德育功能的受重视程度越来越高，学术界围绕其展开了系列研究，研究由此前对竞技体育教育功能的聚焦开始转向关注学校体育的德育功能。第三，2018 年以来的"一体两翼"阶段，这一阶段由于党和国家领导人对思想政治教育的高度重视以及系列重要文件的引领，体育思政领域研究在"大思政"背景下，既关注竞技体育的精神激励，又注重学校体育的德育功能，阔步向前走向高潮。

"时代是思想之母，实践是理论之源"，我国体育思政研究正是在顺应新时期发展的大

---

❶ 于朝阳，李思敏：《高校体育课程中加强德育的探究和实践》，《思想理论教育导刊》2016 年第 5 期。

❷ 刘梓汐，罗盛锋：《我国红色旅游研究进展及趋势——基于 CiteSpace 计量分析(2009—2019)》，《社会科学家》2020 年第 11 期。

引用激增最强烈的 25 个关键词

关键词	年份	强度	开始	结束	1982—2021
思想政治工作	1982	13.9934	1982	2006	
思想教育	1982	29.5247	1982	2013	
体育课	1982	3.737	1982	2009	
思想政治教育工作	1982	4.0422	1984	2009	
学校体育	1982	7.8764	1986	2005	
爱国主义教育	1982	16.0561	1990	2009	
体育教学	1982	10.0989	1992	2003	
集体主义教育	1982	10.2636	1994	2011	
体育运动	1982	5.3746	1996	2007	
国防教育	1982	5.1183	1998	2011	
爱国主义	1982	4.6034	2002	2009	
运动员	1982	9.6247	2004	2017	
运动队	1982	4.5351	2007	2018	
渗透	1982	4.2399	2008	2011	
体育专业	1982	4.3225	2010	2016	
思想政治	1982	6.9412	2012	2017	
功能	1982	5.55	2012	2016	
校园体育文化	1982	4.3228	2013	2018	
思想政治教育	1982	16.1919	2013	2018	
大学生	1982	4.0081	2015	2018	
融合	1982	6.134	2018	2021	
课程思政	1982	43.9341	2019	2021	
高职院校	1982	9.6281	2019	2021	
大学体育	1982	4.343	2019	2021	
思政教育	1982	17.2402	2019	2021	

图 4 我国"体育思政"研究文献关键词突现图谱

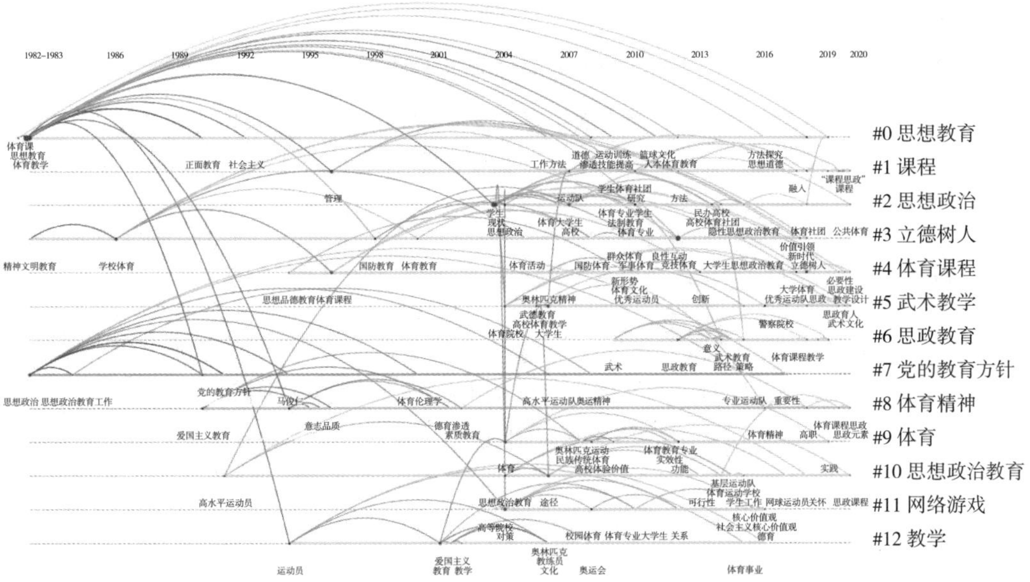

图 5 我国"体育思政"研究文献关键词聚类时间线图谱

潮中，根植新时代的沃土，努力实现着新的发展。

（三）研究的前沿探析

根据上文由关键词共现折射出的基础研究领域和阶段性研究特征，在结合征询部分专家意见的基础上，本研究认为，我国体育思政领域下一步的研究将围绕以下前沿主题展开：

1. 对近期系列重要会议的讲话及文件精神的深层解读

"立德建业、培育人才"是千百年来我国教育事业传承和发展过程中所秉持的思想精髓和价值旨归❶，思想政治理论课对于中国特色社会主义事业的接班人和建设者的培养来说，具有十分重要的意义，发挥着不可替代、举足轻重的政治指引和价值引领作用❷，由此，思想政治教育备受重视。特别是党的十八大以来，党和国家领导人针对我国思政工作主持召开了系列重要会议，制定发布了若干重要文件，如《高校思想政治工作质量提升工程实施纲要》（中共教育部党组于 2017 年 12 月印发）、习近平总书记在 2018 年 9 月 10 日全国教育大会上的重要讲话精神、《关于加快建设高水平本科教育全面提高人才培养能力的意见》（教育部在 2018 年 9 月发布）、习近平总书记在 2019 年 3 月 18 日主持召开的"学校思想政治理论课教师座谈会"上的讲话、《关于深化新时代学校思想政治理论课改革创新的若干意见》（国务院办公厅、中共中央办公厅 2019 年 8 月印发）、《高等学校课程思政建设指导纲要》（教育部于 2020 年 5 月印发）等。

从学校体育教育教学专业角度对近期系列重要会议讲话及文件精神的深层解读，对于帮助我国体育思政建设工作以及把握政策新导向与发展新趋势具有重要的引领和启示作用。

2. 思政、体育思政、体育课程思政的关系及深度融合

虽然学校体育思政教育功能得到了充分重视，党和国家给予了制度层面的引领，体育学界也展开了研究，涌现了一大批有理论价值和实践意义的成果，但仍然存在"两张皮"和"贴标签"的现象，距离《高等学校课程思政建设指导纲要》要求的"同向同行"和"协同效应"仍有较大距离。主要表现为：思想政治与学校体育思政有机融合反应的催化不足；学校体育思政与体育项目课程思政有效转化的路径不畅。究其原因，本研究认为：思政、学校体育思政、体育项目课程思政三者之间存在罅隙。正是因为这种罅隙的存在，

---

❶ 赵富学，黄桂昇，李程示英，等：《"立德树人"视域下体育课程思政建设的学理释析及践行诉求》，《体育学研究》2020 年第 34 期。

❷ 来源于壹学者官方澎湃号在 2020 年 7 月 17 日发布的《辩证把握高校思政教育的几种关系》。

既导致三者难以形成良性互动，也造成当前体育思政领域教学和科研的倥偬。因此，关于思政、体育思政、体育课程思政三者关系及深度融合将成为学界研究的前沿问题。

3. 体育思政研究的范式

"范式"（Paradigm）的概念源自库恩（Kuhn）的科学哲学研究，根据库恩本人的阐释，"范式是某一特定领域科学共同体所持有的共同信念体系的集合"，即某一学科或领域的科学家群体围绕该学科或领域进行知识探究和生产时所持有的共同信念。而这些共同信念则规定着科学家们持有共同的观点、理论与方法。科学革命的实质就是范式的转化与更替，新旧范式有质的差别，尽管它们的结构相同，但其基本成分，即理论、定律和基本观念已经改变。❶ 当前，"范式"这一概念往往被理解为"人们在看待或处理某一特定领域的现象或问题时所遵循的基本原理"❷，但有时也会被理解为"被某一领域研究群体所公认的研究模型或理论框架"❸。虽然我国体育思政领域目前已呈现出高度的研究热情，也取得了不错的研究成果，但整体并未形成研究范式，因此，研究范式的厘清和规范将成为学界研究的又一前沿问题。

4. 体育思政学科的体系建构与要素完善

根据《高等学校课程思政建设指导纲要》的文件精神，体育课程肩负着学校体育思政和体育项目思政建设的重要使命。"体育思政是什么、体育教学内容有哪些、课程如何组织开展"等问题都是我们必须直面回答且无法回避的重要问题。

本研究主张，体育思政建设工作应基于"体育思政教育学"的学科视角，在致力于不断完善体育专业课程（群）思政教育工作、教学、内容和评价上寻求突破口。只有构建并完善体育思政教育的"学科"模式体系，体育思政才能摆脱"标签化"、褪去"两张皮"，真正实现与"大思政"的同向同行，并形成协同效应。

5. 新媒体时代体育思政的创新研究

随着科学技术的日新月异，数字技术的方兴未艾，移动通信技术的迅猛发展，人类社会进入一个全新的时代——新媒体时代❹，互联网、智能终端、移动设备、社交媒体等新生事物

❶ 王统领：《运动项目制胜规律的理论研究》，硕士学位论文，北京体育大学，2011。

❷ 陈晓端：《当代教学范式研究》，《陕西师范大学学报（哲学社会科学版）》2004年第5期。

❸ 杨杰：《运动决策的描述性范式研究》，博士学位论文，吉林大学，2005，第75页。

❹ 李吉彬：《新媒体时代大学生主题教育创新研究》，博士学位论文，东北师范大学，2019，第81页。

层出不穷。以数字化和网络化为基础出现的新媒体形态，已经全方位地渗透融入了大学生的校园生活中，时刻影响着大学生的学习模式和生活习惯，对他们的价值观、世界观、人生观的塑造与改变产生着潜移默化的重要影响。新时代，高校体育课程思政协同育人是推动大学生德、智、体、美、劳全面发展的重要载体。❶ 新媒体技术的更新发展不仅对传统体育思政教育的内容、载体、方法及效果等方面带来了良好的机遇，也对传统思政教育的教育主体权威性和教育模式带来了巨大的挑战。探索新媒体时代体育思政的新方法、新途径、新规律，对于进一步加强和改进新形势下的体育思政教育工作显得尤为重要。

习近平总书记在全国高校思想政治工作会议上的讲话指出："要运用新媒体新技术使工作活起来，推动思想政治工作传统优势同信息技术高度融合，增强时代感和吸引力。" ❷ 随着新媒体的兴起，体育思政的教育内容、教育方法、教育手段等也变得丰富起来。对此，如何跟紧时代潮流，以新媒体为切入点，不断更新体育思政的教学手段和教育理念，不断丰富体育思政教育的理论体系，不断整合和优化体育思想政治教育内容与资源，对于我国体育思政建设工作意义重大。

6. 新时代体育课程思政内容结构的设计和优化

党的十九大报告明确指出："中国特色社会主义进入了新时代。"站在新时代的历史方位上审视学生的思想政治教育，弄清楚为谁培养人和培养什么样的人的问题显得十分紧迫，这也是时代发展为思想政治教育学科建设提出的现实任务。新时代必然有新问题和新情况，随着我国进入中国特色社会主义发展的新阶段，我国思想政治教育难免要接受更加严峻的时代挑战，如何有效地推进思政教育在形式与内容上的改革和创新以提高其针对性和实效性，是当前我国高校面临和关切的实际问题。基于此，"课程思政"的提出无疑是对当下思想政治教育的新探索，是对社会主义新时代如何实施高校思想政治教育的创新。❸ "课程思政"起到了联结思想政治教育与专业课程的桥梁作用，其内容设计的优劣与课程的有效性密切相关。

---

❶ 胡海旭，李珮，金成平：《新时代高校体育课程思政协同育人的哲学意蕴及实施路径》，《南京体育学院学报》2022年第21期。

❷ 来源于中国共产党新闻网在2016年12月9日发布的《习近平在全国高校思想政治工作会议上强调把思想政治工作贯穿教育教学全过程 开创我国高等教育事业发展新局面》。

❸ 何玉海：《关于"课程思政"的本质内涵与实现路径的探索》，《思想理论教育导刊》2019年第10期。

"'立德树人'这一根本任务最终要落实到体育课程与教学实践中去，在教学实践中检验体育课程思政的组织协同成效。"❶ "体育课程思政教育是国家'思想政治教育工作贯穿人才培养体系全过程'这一战略规划的重要构件，没有体育课程，思政教育就缺少载体；放弃思政教育，体育课程就缺乏灵魂。"❷ "在'立德树人'根本宗旨的引领下，体育课程思政建设是对中国传统体育课程进行创新的系统工程，对它的理论研究和实践探索仍处于起始阶段。"❸ 课程内容是课程思政的载体，事关课程思政教学效果的成效，是课程思政建设的根本，体育课程思政亦是如此。因此，新时代背景下如何有效挖掘体育的思政元素，设计和优化体育课程思政内容的结构任重而道远。

四、学术共同体

"学术共同体是指拥有共同学术情趣、志同道合的个体，在相互沟通的需要以及学术道德的规范下，所形成的以知识交流为主的群落，具有对话与交流、争辩与批判以及自主与自由等特征。"❹ "当前处于知识爆炸的新时代，科学发展的复杂性、技术的飞速变化、知识的动态增长以及技能和知识的高度专精化已然成为公认的事实，个体科学家通常也不能提供全部的昂贵试验耗费和研究资源，必须通过寻求科研合作来解决复杂的科学研究问题。"❺ 基于此，在特定学科或领域进行科学合作的学术共同体也得以形成。特定学科或领域的学术共同体不仅能够反映出那些在同一领域持有相同研究志趣的学者们的凝聚程度，还可以在很大程度上折射出该学科或领域知识的内外交流模式，推进学科建构，促进学科认同。❻ 对特定领域学术共同体进行研究能够反映该领域发展演变的特征和模式。

---

❶ 赵富学，赵鹏：《高校体育课程思政建设的组织协同与深度推进研究》，《南京体育学院学报》2022年第21期。

❷ 刘纯献，刘盼盼：《体育课程思政的内容、特点、难点与价值引领》，《体育学刊》2021年第28期。

❸ 赵富学，黄桂昇，李程示英，等：《"立德树人"视域下体育课程思政建设的学理释析及践行诉求》，《体育学研究》2020年第34期。

❹ 李志河，潘霞：《新时代高校教学学术共同体的蕴意与构建》，《现代远程教育研究》2020年第32期。

❺ 侯剑华：《国际科学合作领域主流学术团体与代表人物分析》，《现代情报》2012年第32期。

❻ 赵立彬：《学术共同体与学科建构——以"文化学"的相关学者和团体为中心》，《近代史学刊》2014年第2期。

（一）核心作者与合作度

1. 核心作者分析

对相关文献作者情况进行研究不仅能够把握该学科现有科研活动的深度与广度，而且对该学科科研活动的组织、管理、协调及引导等方面都有非常积极的意义。[1]科学研究在某种程度上也就好比战争一样，需要一个"帅"，带领众多的"兵"，为了一定的目的而在战场上浴血奋战，而学术共同体里的学术带头人就是这个研究团队的领军人物，带领着研究人员追寻着某种目标或理念，学术共同体越成熟，其内聚性也越强，吸引力也越大。[2]在我国体育思政研究领域的不断发展过程中，同样有一批优秀的专家学者推动着该领域研究的不断发展与完善。

根据图6可知，目前我国体育思政研究领域作者合作团队的规模较小，整体比较松散，还未形成研究的大规模和集成效应。

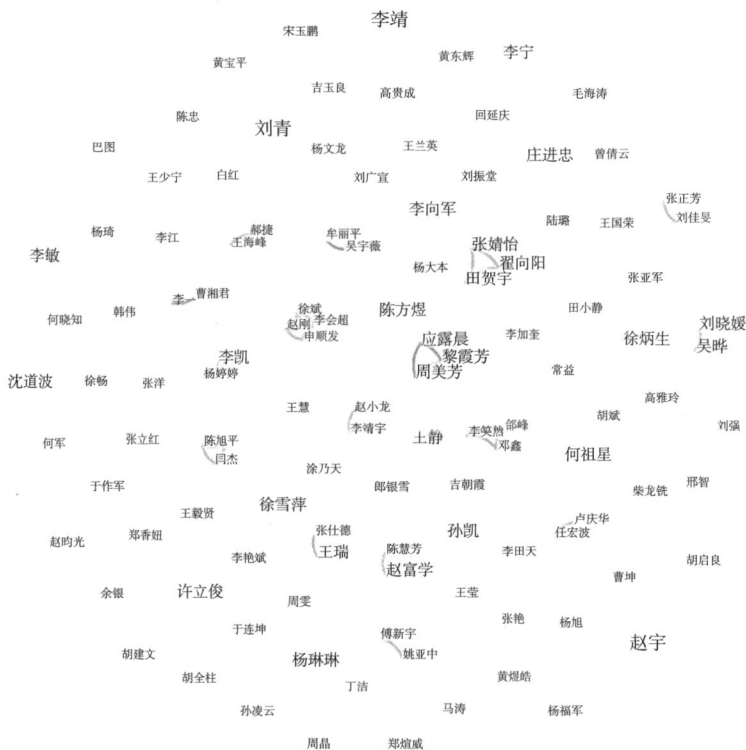

图6　我国体育思政研究文献核心作者与合作图谱

---

[1] 邱均平，马瑞敏：《基于CSSCI的图书馆、情报与档案管理 一级学科文献计量评价研究》，《中国图书馆学报》2006年第1期。

[2] 苌光锤，李福华：《学术共同体的概念及其特征辨析》，《煤炭高等教育》2010年第28期。

2. 作者合作度分析

相关作者合作度也是文献计量分析过程中常用的一个重要指标。文献作者合作度是指某学科或领域在确定时域内单篇文献的平均作者数，该指标在一定程度上可以反映出这一学科或领域一段时间内科研协作的态势。一般而言，文献的作者合作度这一指标越高，代表所运用科研技术的难度也就越大，文献相应也就越具备实用性。所以，大部分的科研项目需要通过不同程度的合作才能完成❶，体育课程思政领域的实践和研究也不例外。为分析和反映我国体育思政领域研究文献的作者合作度与合作态势，本文对遴选出的 1332 篇样本文献的作者合作度进行统计，刊载的我国体育思政研究领域的 1332 篇文章，论文作者合计 1874 人次，论文的作者合作度为 1.41，以这个数值本身来说，我国体育思政研究领域文章的作者合作度较低，同其他领域相比仍有较大差距（陈玉光研究表明，中国电子信息制造领域的文献在 1999–2008 年这十年间的作者合作度是 2.86）。

（二）核心研究机构与合作度

为更进一步地考察和评价我国体育思政领域研究力量的分布与合作特征，本研究绘制了研究机构的合作知识图谱。通过对研究机构的研究可以帮助我们认识我国体育思政研究力量的空间分布，有利于从整体上对研究力量进行整合，集中优势资源，发挥规模研究效应。

1. 核心研究机构分析

根据图 7 可知，我国体育思政研究领域机构合作的程度非常低，只可见零星合作。此外，就图 7 显示的核心研究机构的性质来说，主要集中于国内部分专业体育院校、省体育局运动项目管理中心及省市体育运动学校，而综合类高校研究力量较为薄弱。体育思政作为交叉学科领域研究，综合类高校具备天然的专业集成优势，在当前党和国家"大思政"战略的引领下，今后一段时期内必定大有作为。

2. 机构合作度分析

我国体育思政研究领域期刊论文作者所属机构的合作规模是该领域主要研究力量的合作规模，是该领域学者所属研究机构在期刊论文中的客观反映，可通过论文所署的研究机构的数量表现出来。一篇论文由多少机构合作完成能够直接反映该研究科研合作的规模，

---

❶ 田乃庆：《〈电子显微学报〉(1995—1998 年)论文及作者分析》，《电子显微学报》2001 年第 1 期。

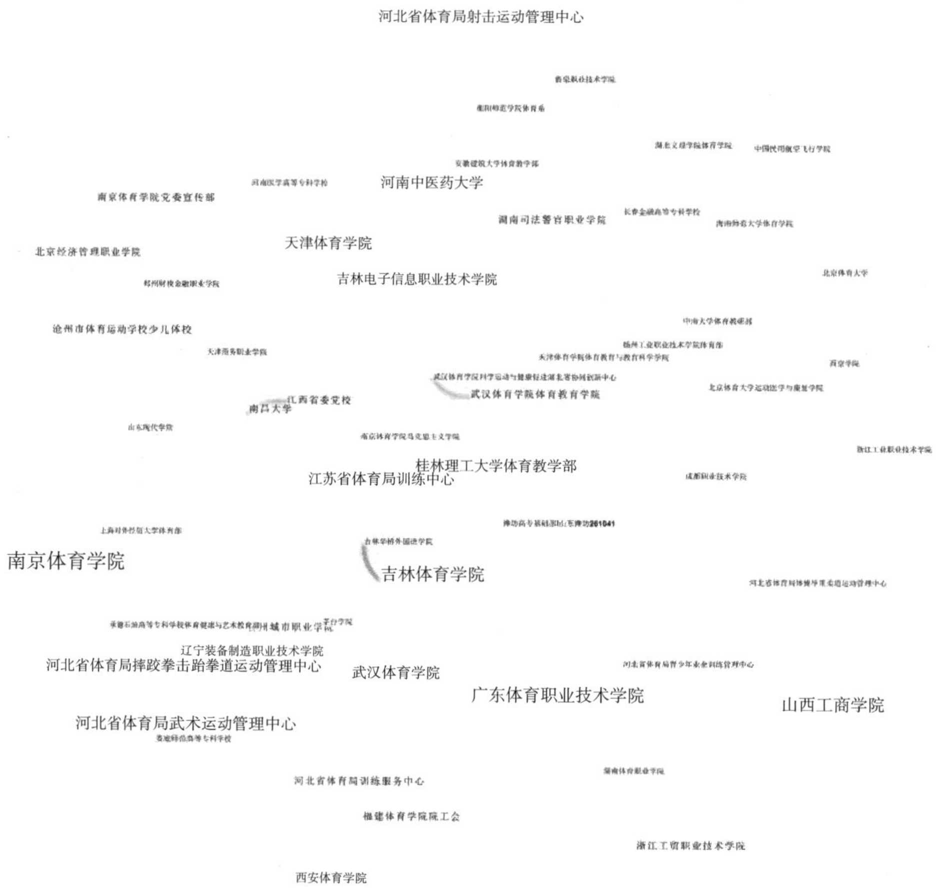

图 7　我国体育思政文献研究核心机构与合作图谱

也可以间接推断论文研究的深度和广度，是论文作者合作规模的有益补充。为评价和考察我国体育思政研究领域作者所属机构的合作规模，本研究对构建的我国体育思政研究领域文献数据库中文章所著的研究机构数量进行了统计。

文献研究机构的合作度是文献计量分析的又一个重要指标，它是指在某一确定时间内每篇论文的平均机构数，这项指标能够在一定程度上反映科研机构协作的趋势。通过统计可知，刊载的我国体育思政研究领域的 1332 篇文章，论文作者所属研究机构总数为 1485 个，论文的机构合作度为 1.12。从数值本身说明了该领域的研究机构合作度比较低，基本都是由同一研究机构完成（根据王统领研究统计：1983—2012 年间我国运动训练领域研究的机构合作度为 1.37）❶。

---

❶ 王统领：《基于知识图谱视域下我国运动训练的理论研究》，硕士学位论文，北京体育大学，2016，第35页。

无论一个学科还是一个研究领域，可持续的学术创新和创造力均源于优秀的学术团队，这些学术团队的共同点就是他们都由一批知名的学者和教授为代表人物，带领着团队中的一批有共同学术理想和学术追求的高素质学术队伍去进行开创性的研究工作。因此，在今后一段时期内我国体育思政领域具备相似学术研究领域和研究理想的学者们，应加强彼此合作，优势互补，形成学术团队，共同推进我国体育思政工作的繁荣发展。

五、总结与展望

思政课是落实立德树人根本任务的关键课程，一直以来备受党和国家领导人重视。体育因其具备思政教育的天然禀赋，故体育思政研究工作在思政教育"贯穿人才培养体系"的国家"大思政"战略中占有一席之地。我国体育思政研究由来已久，文献的时间维度分布整体呈增长趋势。

为促进体育与思政的深度融合，更好服务于"大思政"战略，未来我国体育思政的相关研究可能会围绕以下前沿展开：对系列重要会议讲话及文件精神的深层解读；思政、体育思政、体育课程思政的关系及深度融合；体育思政研究的范式；体育思政学科体系的构建与完善；新媒体时代体育思政的创新研究；新时代体育课程思政内容结构的设计和优化。

第三节　体育课程思想政治教育学的研究方法和研究意义

科学进行体育课程思想政治教育学研究应该采用什么方法？我们学习和研究体育课程思想政治教育学究竟有什么意义？这是每一个学习和研究体育课程思想政治教育学的人必须明确的重要问题。本节尝试进行一些阐释，以期引发广大学者对这些问题展开进一步的探讨。

一、体育课程思想政治教育学的研究方法

研究体育课程思想政治教育学，必须掌握一套科学的研究方法，应以习近平新时代中

国特色社会主义思想为指导，在体育教育的客观实际中，采用科学合理的研究方法进行调查研究。体育课程思想政治教育学的研究方法与其他社会科学学科的研究方法大体相同，本部分内容结合体育课程思想政治教育学的研究实际，从整体和具体两个维度对其进行简要论述。

（一）体育课程思想政治教育学的整体研究方法

根据性质和特点，体育课程思想政治教育学的研究应属于社会科学的研究范畴，社会科学的研究通常主要有"质的研究"和"量的研究"两种整体方法，这两种研究方法各有优缺点，在实际研究中应该做到合理搭配、结合使用。

"质的研究"强调研究者须深入社会现象之中，通过亲身体验了解研究对象的思维方式，在收集原始资料的基础之上建立"主体间性"与"情境化的"的意义解释❶。质的研究方法一般比较适用于从微观层面对社会现象进行比较深入细致的分析和描述，以便于认识事物的复杂性，注重了解事件发展的动态过程，通过归纳的手段自下而上构建理论，可以对理论有所创新，但是不适合从宏观层面对规模较大的人群或社会机构进行研究，不擅长对事物的因果关系或相对关系进行直接的辨别，研究没有统一的程序，相对费时、费力。

"量的研究"从特定假设出发将社会现象数量化，计算出相关变量之间的关系，由此得出"科学的""客观的"研究结果。❷量的研究方法适合在宏观层面大面积地对社会现象进行统计调查，可以通过一定的研究工具和手段对研究者事先设定的理论假设进行检验，可以使用实验干预的手段对控制组和实验组进行对比研究，适合对事情的因果关系以及相关变量之间的关系进行研究。但是，只能对事物的一些比较表层的、可以量化的部分进行测量，不能获得具体的细节内容，测量的时间往往只是一个或几个点，无法追踪事件发生的过程，研究结果只能代表抽样总体中的平均情况，不能兼顾特殊情况，对变量的控制比较严格，很难在自然情境下收集资料。

综上，建议体育课程思想政治教育学的研究在整体上应该采用"质的研究"和"量的研究"相结合的方法，并以"质的研究"为主，"量的研究"为辅。

---

❶ 陈向明：《质的研究方法与社会科学研究》，教育科学出版社，2000，第42页。
❷ 陈向明：《质的研究方法与社会科学研究》，教育科学出版社，2000，第44页。

（二）体育课程思想政治教育学的具体研究方法

以下是研究体育课程思想政治教育学的几种常用的具体方法，需要我们根据研究的具体情况加以灵活运用。

1. 文献研究法

文献研究法是一种通过收集和梳理现存的以文字、数字、符号、画面等信息形式出现的文献资料，来探讨和分析各种事物行为、关系和现象的研究方式 ❶，它是一种间接收集资料的方法。通过收集、整理、分析相关书籍、论文、学界专家研究成果等文献资料，探索当前我国学校体育课程与思想政治教育功能的理论建构和现实发展情况。这种方法能够从历史和现实的双重维度为研究提供理论支撑。

文献研究法的使用主要有两种情况：一是通过运用历史上的文献资料来研究当时的社会现象，了解当时的社会状况，探讨过去与现在状况之间的联系。如研究体育课程思想政治教育历史演进的主要方法就是文献研究法。二是通过收集当前反映社会生活各方面状况的文字及其他方面的材料，来研究现实生活某一方面的现象、规律及其与社会生活其他方面的联系。如要研究大学生当前的思想状况，除了研究者自己的调查、观察外，还需要广泛地查阅资料，包括调查报告、统计数据、新闻报道、研究论文、专著和教材等，在大量查阅文献资料的基础上，根据已有的研究，采用对比、归纳、综合等逻辑学方法对获取的相关材料进行分析和探讨，以便对大学生的思想状况有一个总体的把握，并对其思想状况作出科学的判断和说明。

在体育课程思想政治教育学的研究中，几乎任何经验研究和理论研究都离不开与课题有关的文献。如要研究当代青年价值观的演变，就要查阅有关文献，看看其他学者在这方面的研究达到了什么水平，以作借鉴；看看以前时代青年价值观的表现，以作比较，然后才能确定一个更为恰当的研究角度。可见，广泛收集文献资料，可以为理论的形成与课题的深化奠定基础。

文献研究法的优点主要有：能够系统地梳理历史资料和前人研究成果，为研究提供理论基础。可以帮助研究者快速了解领域内的研究现状和发展趋势，是一种相对省时、省力且经济的研究方法。文献研究法的缺点主要有：首先，可能存在信息滞后的问题，因为文献的出版和发布需要时间。其次，该方法有赖于文献的质量和可用数量，如果相关文献质

---

❶ 杨建军:《科学研究方法概论》,国防工业出版社,2006,第69页。

量不高或稀少，则研究可能受限。可能会使学者过于依赖二手资料，而忽略了实地考察和实证研究的重要性。

文献研究法是体育课程思想政治教育学最常用的具体研究方法之一。它能帮助研究者突破时间和空间上的限制去研究，如历史上那些已经远去了的人物或事件等不可能接近的对象，并且可以节省人力、物力和时间。但由于资料庞杂，因而在运用文献研究法时，首先要对相关领域有相当的了解，全面掌握与所研究问题相关的文献资料，还要注意材料真伪的鉴别，并对材料作出理性判断和综合分析。只有这样，研究才能科学、深入，才能出真、出新。

2. 观察研究法

体育课程思想政治教育学是要研究人的思想行为变化的发展规律，因此，对人的活动以及思想政治教育活动的直接观察也是不可缺少的。观察研究法是一种在自然的情境或人为控制的情境下，根据既定的研究目的，对研究相关的现象或个体的行为做有计划与有系统的观察，并依据观察的记录，对其做出客观性解释的研究方法。观察研究法可以应用于多个学科领域，如医学、社会学、心理学等，在教学领域中，教师可以通过观察学生的行为和反应，以更好地了解学生的需求，调整教学策略。通过对体育课程的实地观察，记录学生在课程中的表现、互动和反应，这有助于分析体育课程在思想政治教育方面的实际效果，以及学生的接受程度和行为变化。

观察研究法按场所可以分为自然情境观察和人为实验观察。自然情境观察是指在自然状态下，对观察环境不加改变和控制的状态下进行观察，受试者比较容易表现真实的行为。人为实验观察是指在人为控制的环境中进行的系统观察，包含对场地的活动内容加以控制、记录受试者的行为表现。观察研究法按观察的结构性可以分为结构性观察和非结构性观察。结构性观察是指依据进行研究前确定的目的，在一定程序下，使用结构观察工具，观察与研究目的有关的行为。非结构性观察是指在没有明确研究目的、程序与工具的情况下，采取的一种较具有弹性的观察。其中，人类学和社会学所使用的田野研究最具有代表性。观察研究法按观察者是否参与被观察的活动可以分为参与观察和非参与观察两大类。参与观察是指观察者参与被观察者的群体，成为其中的一员，在与研究对象的共同活动和相互交往的情境中进行观察。非参与观察是指观察者不直接涉入被观察的情境，以局外人的角度进行观察，不与被观察者互动或施加影响。观察研究法按记录方式可以分为研究描述性观察、推论性观察和评鉴性观察。研究描述性观察是指观察者只需将他实际观察得到的行为，以文字描述或以划记方式提出报告。推论性观察是指观察者须考虑被观察的每一种行为标示的意义，然后将之记录在特定的分类中。评鉴性观察是指涉及对观察到的行为或现象进行评价和判断。

观察研究法的优点主要有：第一，真实性和客观性。观察法直接观察现象和行为，因此数据更加真实和客观。它不依赖于受访者的回忆和描述，从而减少了信息失真的可能性。第二，高度可靠性。观察者可以直接看到并记录现象和行为，观察结果也可以被其他观察者或研究人员复制和验证，从而增加了研究的可靠性。第三，全面性和细节捕捉。观察法能够观察和记录细节，捕捉到一些其他方法无法捕捉到的信息。观察者能够全面观察不同方面的现象和行为，提供全面的数据。第四，适用于实地研究。观察法特别适用于实地研究和实验室外的环境中，允许研究人员观察被研究对象在真实环境中的行为和反应。第五，简单易行。相对于其他研究方法，观察法较为简单易行。它不需要太多的设备和技术，主要依靠研究人员的观察能力和记录能力。

观察研究法的缺点主要有：第一，具有主观偏见影响。尽管观察法力求客观，但观察者的主观偏见仍可能影响观察结果。观察者可能对一些行为或现象有特定的期望或偏好，导致错误解读观察结果。第二，存在隐私和伦理问题。在某些情况下，观察者可能需要在被研究对象不知情的情况下进行观察，这可能引发隐私和伦理问题。观察者必须确保不侵犯被研究对象的权益和隐私，并遵循法律及伦理准则。第三，解释和理解具有局限性。观察法只能观察和记录现象和行为，无法直接提供关于原因和动机的解释。因此，它可能无法单独获得对现象或行为的深入理解，需要结合其他研究方法。第四，依赖观察者的能力和经验。观察的质量和准确性高度依赖于观察者的能力和经验。不同的观察者可能对同一现象和行为有不同的观察和记录方式，导致数据的不一致性。第五，结果难以推广。由于观察研究法往往基于小规模的案例研究，其结果可能受到特定环境或情境的影响，因此，难以推广到其他环境或情境中。这限制了研究结果的适用范围和普适性。第六，消耗资源和时间。观察法，特别是进行大规模或长时间的观察时，可能需要大量的资源和时间，这增加了研究的成本和时间投入。

3. 实证研究法

实证研究法是指以具体高校或体育课程的开展情况为研究对象，进行实地调查和专项研究。实证研究法是一种科学的研究方法，与观察研究法侧重描述和记录现象不同，它侧重于通过对具体教学环节进行直接的观察和经验来验证理论或假设。在教育领域，这种方法特别有用，因为它允许研究者深入了解实际的教学环境和学生的学习体验。例如，可以通过面向参与大学体育课程的师生进行问卷调查、访谈等方式，全面了解大学体育课程在发挥思想政治教育功能方面的现状，从而获取一手资料，为课题研究提供翔实依据。

根据研究的目的和性质，实证研究方法还可以分为量化研究和质化研究。量化研究侧重于通过统计数据分析来探究问题，如调查研究、实验研究和相关分析等；而质化研究则更注重通过深入的访谈、观察和文本分析等手段来理解现象，如扎根理论、案例分析等。此外，实证研究还可以结合其他研究方法，如文献综述、案例分析等，以形成一个更全面、更深入的研究框架。这样，我们可以更准确地评估大学体育课程在思想政治教育方面的作用，为提升教育质量和学生全面发展提供更加有力的支持。

实证研究法的优点主要有：能够直接收集到一手数据，反映真实情况；可以通过实地观察和调查，深入了解体育思政的实际效果和问题；有助于提高研究的信度和效度。实证研究法的缺点主要有：实证研究通常耗时、耗力且成本较高；可能受到样本选择、数据收集和处理等多重因素的影响，导致结果偏差；该方法对于研究者的调查技巧和数据分析能力要求较高。

4.案例分析法

案例研究法在当代中国具有深远的影响。案例分析法也被称为"解剖麻雀"，即通过对一个单一个体深入、全面地研究，来取得对一般性状况或普遍经验的认识。案例研究法同样可以运用到体育课程思政的研究中来。案例分析法是指选择具有代表性的体育课程思政案例进行深入剖析，通过详细研究其实施过程、效果及存在问题，为其他体育课程思政实践提供借鉴和参考。选择具有代表性的体育课程思政案例进行深入剖析，意味着挑选出的那些实例在体育课程中成功融入了思想政治教育元素，这些案例可能是在教学目标设定、教学内容选择、教学方法运用等方面具有创新性和实效性的实践。通过详细研究这些案例的实施过程，我们可以了解到教师将思政教育内容与体育技能教学相结合的方法，以及在这个过程中遇到了哪些挑战，又是如何克服的。这些信息对于其他体育教师来说是非常宝贵的经验，可以帮助他们更好地在自己的课程中实施思政教育。同时，分析案例的效果也是至关重要的。这包括了解学生在体育课程中接受思政教育后的思想变化、行为表现等方面的改进，以及这些改进对学生全面发展的积极影响。这些效果分析可以为其他体育课程思政实践提供有力的成果展示，证明思政教育在体育课程中的有效性和必要性。此外，案例分析法还强调对存在的问题进行深入研究。每一个成功的案例背后都可能隐藏着一些尚未解决的问题或需要改进的地方，通过剖析这些问题，我们可以为其他体育课程思政实践提供预警和建议，避免他们走弯路，更有效地实施思政教育。

案例分析法的优点主要有：能够通过深入研究具体案例，揭示体育思政实践中的成功经验和问题；通常具有较强的说服力和启发性，有助于为其他实践提供具体的参考和借鉴。案例分析法的缺点主要有：案例的选择可能具有主观性，影响研究的普遍性和推广性；通常耗时较长，且对数据收集和分析要求较高；通常侧重于定性分析，难以提供量化的结果，这可能会限制研究结果的比较性和可度量性，使一些需要量化数据支持的决策或研究难以利用案例研究的结果；案例研究的结果可能受到外部环境变化的影响，例如，政策变动或社会经济环境的变化都可能影响案例的实际情况，从而降低研究的稳定性和可靠性。

综上所述，案例分析法在体育课程思政实践中具有重要的应用价值。它不仅可以为其他体育课程提供可借鉴的成功经验，还可以揭示实践中可能遇到的问题和挑战，为体育课程思政教育的持续优化和发展提供有力支持。

5. 逻辑分析法

逻辑分析法是指依据大学体育与思想政治教育的相关理论，对所收集的意见、访谈反馈等进行逻辑分析与归纳。在全面、历史性研究的基础上，通过反思和准确把握相关概念、观点和理论，构建出关于体育思想政治教育的完整理论体系。

逻辑分析法的优点主要有：能够对收集到的数据和信息进行深入地归纳和分析；有助于构建和完善理论体系，提升研究的深度和广度；逻辑分析相对客观，能够减少主观偏见。逻辑分析法的缺点主要有：过于依赖理论和逻辑推理，可能忽略实际情况的复杂性；如果初始数据或信息有误，逻辑分析的结果也可能出现偏差。

逻辑分析法在体育课程思政中具有广泛的应用价值。通过对明确思政目标与逻辑分析的结合点、挖掘思政元素并进行逻辑分类、创新教学方法的逻辑构思、实践教学中的逻辑推理以及提升教师素质的逻辑要求等方面的努力，我们可以全面提升体育课程思政的教学效果和质量。

6. 总结经验法

经验总结法是通过对实践活动中的具体情况进行归纳与分析，使之系统化、理论化，从而上升为经验性认识的一种方法。体育课程思想政治教育学建立在教育实践的基础上，教育实践丰富的经验是体育课程思想政治教育学产生和发展的源泉。因此，总结体育课程思想政治教育的经验，将其概括上升为理论，是体育课程思想政治教育学研究的基本方法之一。经验本身不是理论，只有经过抽象概括，上升为具有一定概括力的理论，才具有普遍的意义。总结体育课程思想政治教育的经验，既要总结历史经验，特别是党的思想政治教育的历史经验；又要注意研究社会主义现代化建设时期的新情况、新问题，总结新时期思想政治教育的新鲜经验；还要把总结历史经验和总结现实经验结合起来。在总结经验时，一定要实事求是，尊重客观事实。只有这样，才能通过分析丰富而庞杂的经验材料，探索出体育课程思想政治教育的客观规律。

7. 跨学科研究法

鉴于体育课程思政涉及体育学、思想政治教育学、教育学等多个学科领域，因此可以采用跨学科的研究方法，综合不同学科的理论和方法来全面深入地探讨体育课程思政的内在规律和实施路径。不同学科有不同的研究方法，如体育学的实证研究、思想政治教育学的定性分析、教育学的案例研究等。我们可以借鉴这些研究方法，对体育课程思政进行多角度、多层次的分析，从而更深入地揭示其内在规律。跨学科研究需要不同学科之间的密切合作与交流。可以通过搭建一个多学科交流的平台，邀请体育学、思想政治教育学、教育学等领域的专家学者共同探讨体育课程思政的相关问题，分享各自的研究成果和经验，共同推进体育课程思政的发展。通过整合体育学、思想政治教育学、教育学等学科的理论，构建一个全面而系统的体育课程思政理论框架。这个框架包括体育课程思政的目标、内容、方法、评价等多个方面，为我们深入理解和开展体育课程思政提供理论支撑。通过综合不同学科的理论和方法，我们可以更全面深入地揭示体育课程思政的内在规律和实施路径，为培养德、智、体、美、劳全面发展的社会主义建设者和接班人提供有力支持。

跨学科研究法的优点主要有：能够综合不同学科的理论和方法，提供更全面的研究视角；有助于发现新的研究问题和解决方案；能够促进学科之间的交流和融合。跨学科研究法的缺点主要有：需要研究者具备多学科的知识背景和研究能力；不同学科之间的理论和方法可能存在冲突或难以融合的问题；复杂性和难度通常较高，需要投入更多的时间和精力。

综上所述，体育思政的研究方法具有多样性和综合性，应根据具体研究目的和问题选择合适的方法进行组合运用，以提高研究的科学性和实效性。

二、体育课程思想政治教育学的研究意义

"立德树人"是我国教育事业的本质要求和价值体现，体育课程思政建设是新时代高校体育课程教学工作的一项任务。❶新时代学校体育工作要求，体育课程不仅要达到传授知识、培养能力、形成技能的目的，还要在意识形态领域进行价值引领。❷体育课程承担着思想政治教育的时代责任和光荣使命，研究体育课程思想政治教育学对于体育课程教育目标的达成，学生思想政治水平的提升具有重要的理论和实践意义。

（一）理论意义

1. 丰富思想政治教育的理论体系

通过研究体育课程中的思想政治教育，可以进一步完善和发展思想政治教育的理论体系。体育课程作为思政教育的一个重要载体，其独特的教育方式和效果可以为思政教育提供新的理论支撑和实践经验。

首先，体育课程中的思政教育具有隐性和显性相结合的特点。学生在参与体育活动的过程中，不仅能够在技能学习和体能锻炼上取得进步，同时也在无形中接受了团结协作、公平竞争、坚持不懈等思政教育内容的熏陶。这种潜移默化的教育方式，使体育课程成为思政教育的重要阵地之一。其次，体育课程通过身体活动来实施教育，这种实践性强的特点使思政教育更加生动和具体。不同于传统的课堂讲授，体育课程中的思政教育让学生通过亲身体验来理解和接受相关理念，从而增强了思政教育的实效性。此外，体育课程还具有广泛的参与性和互动性，这为学生提供了更多的交流、合作与展示的机会。在这个过程中，学生可以更加直观地感受到集体的力量和团队协作的重要性，进而培养他们的集体主义精神和团队合作意识。这种教育方式不仅丰富了思政教育的形式，还提高了学生的参与度和学习兴趣。

综上所述，体育课程作为思政教育的一个重要载体，其独特的教育方式和产生的效果可以为思政教育提供新的理论支撑和实践经验。通过研究体育课程中的思政教育，我们可以更深入地了解体育与思政教育的内在联系，进一步挖掘体育在思政教育中的潜力，从而

❶ 赵富学，陈蔚，王杰，等：《"立德树人"视域下体育课程思政建设的五重维度及实践路向研究》，《武汉体育学院学报》2020年第54期。

❷ 王涛，李斌，卜淑敏：《体育课程思政价值体系的生成路径与育人机制的三维构建》，《中国体育科技》2022年第58期。

为完善和发展思想政治教育的理论体系作出积极贡献。

2. 拓展体育课程的教育理论

传统的体育课程理论主要关注技能和体能训练，而思政教育的融入为体育课程理论提供了新的视角。通过研究体育课程思想政治教育学，可以探索体育课程在德育方面的潜力和作用，从而拓展体育课程的教育理论。

传统的体育课程理论主要聚焦于技能和体能训练，旨在提高学生的运动能力和身体素质。然而，随着教育理念的更新和全面发展教育的呼声日益高涨，思政教育的融入为体育课程理论注入了新的活力，提供了更广阔的视角。通过研究体育课程思想政治教育学，我们能够深入开发体育课程在德育方面的巨大潜力和作用。体育课程不再仅仅起到锻炼身体的作用，更成为培养学生道德品质、团队合作精神和社会责任感的重要平台。这种转变不仅丰富了体育课程的内涵，还使其在教育体系中的地位得到了提升。进一步来说，思政教育的加入也促使我们重新审视体育课程的教育目标，除了技能和体能训练外，体育课程还应当承担起塑造学生良好品格、培养正确价值观的责任。例如，通过户外拓展、定向越野等团队情景类运动，学生可以学会如何与他人合作、如何面对失败、如何坚持不懈等，这些都是传统体育课程理论所未曾涉及的重要内容。

因此，通过研究体育课程思想政治教育学，我们不仅能够挖掘体育课程在德育方面的潜力，还能够推动体育课程教育理论的拓展和创新。这种融合使体育课程更加全面、深入，为学生的全面发展提供了有力的支持。同时，这也为未来的体育课程改革指明了方向，使其更加符合时代的需求和教育的本质。

3. 加强体育课程的思想政治建设，实现体育课程思想政治教育科学化

思想政治教育是完成党的政治任务的中心环节，体育课程思想政治教育是思想政治教育的重要组成部分。但在教育实践中，学生对思想政治教育表现出的轻视、甚至反感成为普遍现象，思想政治教育的实效性大打折扣。[1]体育课程思想政治教育的一个鲜明特征就是教学实施的场景化，它将体育课程与思想政治教育相融合，并通过真实具体的、模拟生动的场景来实施体育课程思想政治教育，以增强学生的参与感和体验感，更好地发挥了思想政治教育的作用，从而达到更好的教育效果。

然而，中国特色社会主义已经进入一个全新的时代，这也对思想政治教育工作提出了

---

[1] 张丽红：《当代医学生思想政治教育内容建构研究》，博士学位论文，吉林大学，2018。

新的要求和任务。从思想政治教育自身来讲，它的内容、形式、方法等都在一定程度上不能完全适应新形势的需要，亟须加强和改进。因此，认真研究体育课程思想政治教育的客观规律，研究新形势下体育课程思想政治教育的方针、内容、原则、方法、载体，研究体育课程思想政治教育与社会大环境的相互作用，无疑有利于加强和改进体育课程思想政治教育。

新形势下体育课程思想政治教育如何定位？如何确定体育课程思想政治教育内容？体育课程思想政治教育原则、方法、载体是什么？体育课程思想政治教育队伍的层次结构应该如何？体育课程思想政治的教育者应该具备什么素质？对体育课程思想政治教育活动及其效益应该如何评估？所有这些方面都需要深入探讨。通过这些方面的研究，就能把体育课程思想政治教育置于科学的基础之上，从而促进体育课程思想政治教育科学化。

（二）实践意义

1. 促进体育课程教育目标的全面达成

研究体育课程思想政治教育学，有助于教师更加明确体育课程在思想政治教育方面的目标和任务，从而更有针对性地进行教学设计和实施。这不仅能提升体育课程的教学质量，还能确保学生在体育课程中获得更加全面和深入的教育体验。通过这种研究，我们可以更加科学地评估体育课程在思想政治教育方面的效果，以便及时调整教学策略和方法，更好地满足学生的成长需求。

体育课程最基本的目标是通过各种体育运动项目，提高学生的身体素质和运动技能。这不仅有助于学生保持健康，还能为他们在未来的生活和工作中打下坚实的基础。在体育课程中，教师可以通过各种教学活动，引导学生养成诚实守信、尊重他人、勇于面对挑战等良好品质。例如，在体育比赛中，遵守比赛规则、尊重裁判和对手等行为，都是对学生道德品质的一种锻炼和提升。团队体育项目能够让学生深刻体会到团队合作的重要性。在参与这些项目的过程中，学生需要学会与他人沟通、协作，共同为团队的胜利而努力。这种经历不仅能够培养学生的团队合作精神，还能增强他们的集体荣誉感。体育课程还可以通过组织社会公益活动或志愿服务等方式，激发学生的社会责任感。通过参与这些活动，学生能够更加深入地了解社会，认识到自己在社会中的角色和责任，从而更加珍惜和感恩生活。

综上所述，体育课程不仅关乎学生的身体素质和运动技能提升，更担负着培养学生道德品质、团队合作精神和社会责任感等重任。研究体育课程思想政治教育学，将有助于我们更全面地实现这些教育目标，为学生的综合素质提升提供有力支持。

2. 提升学生思想政治水平

通过体育课程中的思政教育，可以帮助学生树立正确的世界观、人生观和价值观，增强他们的爱国情怀和社会责任感。这种教育方式既生动又具体，能够让学生在实际活动中深刻感受到思想政治的重要性，从而提升他们的思想政治水平。

首先，体育课程中的思政教育能够帮助学生建立正确的世界观。在体育活动中，学生不仅锻炼身体，也在学习如何与他人合作、如何面对挑战、如何对待成败。教师可以通过团队合作的游戏和运动项目，引导学生理解世界的多元性和相互依赖性，认识到每个人都是社会大家庭中的一员，需要相互尊重、理解和支持。其次，这种教育方式有助于学生形成积极的人生观。在体育活动中，学生常常会面对挑战和困难，这时教师可以通过鼓励和引导，帮助学生培养坚韧不拔的意志和勇往直前的精神。同时，通过分享体育人物的成功故事和奋斗经历，教师可以激励学生追求梦想、不畏艰难，从而形成积极向上的人生态度。再次，体育课程中的思政教育也能引导学生树立正确的价值观。教师可以通过体育活动的组织，让学生明白公平竞争、诚实守信的重要性，同时倡导健康的生活方式和积极向上的生活态度。这些都有助于学生形成正确的价值观念，成为有担当、有责任感的社会公民。最后，这种生动具体的思政教育方式，能够培养学生的爱国情怀和增强学生的社会责任感。例如，在讲述国家体育健儿的奋斗故事时，教师可以引导学生感受到为国争光的荣誉感和自豪感，从而激发他们的爱国情怀。同时，通过组织参与社会公益活动或志愿服务等体育项目，教师可以帮助学生认识到自己在社会中的责任和作用，进而培养他们的社会责任感。

综上所述，体育课程中的思政教育是一种生动、具体且有效的教育方式。它不仅能够帮助学生树立正确的世界观、人生观和价值观，还能增强他们的爱国情怀和社会责任感，从而在实际生活中提升他们的思想政治水平。

3. 推动体育课程教学改革

研究体育课程思想政治教育学，可以为体育课程教学改革提供有力的理论支持和实践指导。通过将思政教育元素融入体育课程，可以创新教学方式方法，提高学生的学习兴趣和参与度，从而提升体育课程的教学效果。

首先，研究体育课程思想政治教育学，能够深入探讨思政教育与体育教学的内在联系，从而为课程改革提供坚实的理论基础。通过分析思政教育在体育课程中的具体应用案例，可以总结出一套行之有效的教育理念和教学方法，指导体育课程的改革实践。其次，将思政教育元素融入体育课程，可以打破传统体育教学的局限，创新教学方式。例如，通过结合体育项目和思政内容，设计富有创意和启发性的教学活动。利用情境教学、案例教学等方法，让学生在体育活动中自然接受思政教育，提高教育的针对性和实效性。再次，融入思政教育元素的体育课程，内容更加丰富多样，能够激发学生的学习兴趣。例如，在长跑教学中引入"红军长征"的历史背景，鼓励学生以"长征精神"突破体能极限。思政教育内容的引入，也可以促使学生更加积极地参与到体育活动中，主动思考和探讨相关问题，从而提升他们的学习主动性和参与度。最后，通过思政教育与体育教学的有机结合，可以使学生在锻炼身体的同时，培养良好的道德品质和社会责任感，从而提升体育课程的整体教学效果。这种融合式的教学方式，还有助于促进学生的全面发展，提高他们的综合素质，更好地实现体育课程的教育目标。

综上所述，研究体育课程思想政治教育学对体育课程教学改革具有重要意义。通过融入思政教育元素，可以创新教学方式方法，提高学生的学习兴趣和参与度，进而提升体育课程的教学效果。这不仅有助于培养学生的身体素质和运动技能，还能促进他们的道德品质和社会责任感的提高。

第二章

体育课程思想政治教育的地位、功能与任务

第一节　体育课程思想政治教育的地位

体育课程思想政治教育的地位是指体育课程思想政治教育在我国社会主义现代化建设战略全局中所处的位置。追溯历史，体育教育早已成为教育体系中的重要组成部分。古希腊时期的"和谐教育"强调身心的和谐发展，其中体育训练被视为培养公民身体素质和军事技能的重要手段。而中国古代的"六艺"（礼、乐、射、御、书、数）中，也包含了射、御两种与体育相关的技能教育，显示出体育教育在古今中外都被视为人类发展的必要教育内容。在马克思主义理论的指导下，将学校体育与思想政治教育进行有机融合，不仅具有深厚的理论基础，也显示出显著的实效性。这种融合为思想政治教育开辟了更广阔的空间，同时为体育教学注入了精神领域的支持，实现了双赢的关系。体育课程思想政治教育的研究既具有理论性又有其实效性，因此对这一学科的研究具有重要的学理地位。

一、体育课程思想政治教育能够彰显中国教育事业的先进性

体育课程作为学校教育的重要组成部分，在课程思政的总体要求下，理应主动承担学科责任，肩负起学校体育课程思政育人的时代使命。[1] 体育课程思想政治教育在学校教育中具有举足轻重的地位，它不仅关系到学生的身体健康和运动技能的培养，更关乎到学生思想品德、社会责任感以及全面发展的实现。中华人民共和国成立以来，党和政府高度重视学校体育及其中的思想政治教育，并颁布了一系列相关政策法规来强调其重要性。例如，《学校体育工作条例》明确规定，学校体育负有"对学生进行品德教育，增强组织纪律性，培养学生的勇敢、顽强、进取精神"的任务。体育课程不仅是一门以身体练习为主要手段的必修课程，更是实施素质教育和培养德智体美全面发展人才的重要途径。通过体育课程的学习，学生可以提高对身体和健康的认识，掌握科学健身方法，提高自我保健意识；同时，也能在和谐、平等、友爱的运动环境中感受到集体的温暖和情感的愉悦，培养坚强的

---

[1] 张晓林，关清文，舒为平：《〈体育之研究〉融入体育课程思政的具身认知、价值意蕴及实践向度》，《西安体育学院学报》2022年第39期。

意志品质和创新精神。这些都与"立德树人"的教育目标紧密相连。

首先，将思想政治教育融入体育课程，是中国教育在立德树人方面的创新实践。这种教育模式不仅关注学生的体育技能和身体健康，更注重在体育活动中培养学生的道德品质、团队合作精神和社会责任感。这种全面培养学生的教育理念，体现了中国教育对学生综合素质的高度重视，展示了其先进性。其次，体育课程思想政治教育是中国教育在促进学生全面发展方面的重要举措。通过体育活动，学生能够锻炼身体，增强体质，同时也在潜移默化中接受思想政治教育，形成正确的世界观、人生观和价值观。这种教育模式有助于学生实现德、智、体、美、劳全面发展，充分体现了中国教育在培养社会主义建设者和接班人方面的先进性。再次，体育课程思想政治教育还体现了中国教育在教学方法上的创新。传统的思想政治教育往往以课堂讲授为主，而体育课程思想政治教育则将理论与实践相结合，使学生在亲身体验中感受和理解思想政治教育的内涵。这种创新的教学方法不仅提高了学生的学习兴趣和参与度，也提升了思想政治教育的实效性。最后，体育课程思想政治教育还是中国教育在落实立德树人根本任务、培养担当民族复兴大任的时代新人方面的积极探索。通过体育课程这一载体，将思想政治教育贯穿其中，有助于学生在锻炼身体的同时，增强对国家和民族的认同感，培养爱国主义精神，从而更好地担负起民族复兴的大任。

综上所述，体育课程思想政治教育是中国教育在立德树人、促进学生全面发展、创新教学方法以及培养时代新人等方面的重要体现，充分彰显了其先进性。

二、体育课程思想政治教育能够服务中国特色社会主义建设

思想政治教育是社会上层建筑的有机组成部分，是经济基础以及上层建筑其他部分的反映，为经济基础和上层建筑的其他部分所决定；同时，又反作用于经济基础和上层建筑的其他部分，为其服务。❶ 体育课程思想政治教育作为思想政治教育的重要组成部分，也与整个社会以及社会生活的各个领域有着紧密的内在联系，在服务中国特色社会主义建设中发挥着重要作用。

首先，为中国特色社会主义建设培养身心健康的人才。体育课程不仅锻炼学生的身体，提升其体质，还通过思想政治教育塑造学生健康的心态和良好的道德品质。健康的国

---

❶ 陈万柏，张耀灿：《思想政治教育学原理》，高等教育出版社，2007，第54页。

民是国家发展的基石，体育课程思政教育为培养身心健康、能够积极投身社会主义建设的劳动者提供了基础。其次，弘扬社会主义核心价值观。在体育活动中融入社会主义核心价值观的教育，可以使学生通过实践深刻理解和践行这些价值观。这有助于构建和谐社会，促进社会主义精神文明建设，与中国特色社会主义建设的总体目标相一致。再次，增强民族凝聚力和自豪感。体育课程中的思政教育往往涉及国家荣誉、民族精神等内容，能够激发学生的爱国情怀。通过体育竞赛等集体活动，培养学生的团队合作精神，进而增强民族凝聚力和向心力，这对维护国家的稳定和统一具有重要意义。此外，它还能促进人的全面发展。体育课程思想政治教育有助于学生在德、智、体、美等多方面得到全面发展，符合中国特色社会主义对人的全面发展的要求。最后，培养社会所需的高素质人才。在当前快速变化的社会环境中，需要具备创新精神、团队协作能力和社会责任感的高素质人才。体育课程中的思政教育通过培养学生的这些非技术性能力，为他们未来在社会主义建设中发挥更大作用打下基础。

综上所述，体育课程思想政治教育必须大力培养社会主义的政治、法律、道德观念等先进的思想意识，通过培养身心健康的人才、弘扬社会主义核心价值观、增强民族凝聚力和自豪感、促进人的全面发展以及培养社会所需的高素质人才等多个方面，为中国特色社会主义事业的建设服务。

三、体育课程思想政治教育能够助力社会主义精神文明建设

以马克思主义为指导的社会主义精神文明不仅是社会主义社会的重要特征，更是社会主义制度优越性的重要体现。它关系着人的全面发展和社会的全面进步，推动了社会主义社会的持续发展和繁荣。社会主义精神文明反映了社会主义社会的本质要求，即追求物质文明与精神文明的协调发展。它不仅关注经济的增长和物质财富的增加，而且更注重人的精神世界和文化素养的提升。在社会主义制度下，精神文明建设不是自发或盲目的，而是在马克思主义指导下有计划、有目的地进行的，旨在实现人的全面发展和社会的全面进步。体育课程思想政治教育在提高国民素质、促进社会和谐等方面能够发挥重要作用。

首先，体育课程不仅仅是锻炼身体的活动，更是一个教育和培养人的过程。在这个过程中，思想政治教育发挥着举足轻重的作用。通过体育课程中的思想政治教育，可以培养学生的团队协作精神、公平竞争意识和坚韧不拔的毅力，这些都是社会主义精神文明建设的重要组成部分。其次，体育课程中的思想政治教育有助于传播和弘扬社会主义核心价值

观。在体育活动中，教师可以通过实例讲解、团队合作和竞技比赛等方式，引导学生理解并践行社会主义核心价值观，如爱国、敬业、诚信、友善等。这些价值观的传播和践行，对于构建和谐社会、推动社会主义精神文明建设具有重要意义。最后，体育课程中的思想政治教育还能培养学生的社会责任感和公民意识。通过参与体育活动，学生不仅能提升自身体质，还能学会如何与他人合作、如何面对挫折、如何为团队贡献力量等。这些经历和体验将有助于学生形成积极向上的人生态度和树立正确的价值观念，从而更好地履行社会责任，成为社会主义精神文明建设的积极参与者。

综上所述，体育课程思想政治教育在提升学生身体素质的同时，也注重培养学生的道德品质、价值观念和社会责任感，这些都是社会主义精神文明建设不可或缺的重要元素。因此，可以说体育课程思想政治教育能够助力社会主义精神文明建设。

第二节　体育课程思想政治教育的功能

"功能"通常指的是事物或方法蕴含着的或者发挥出来的有利功效和积极作用。[1] 体育课程思想政治教育学科系统的功能指的就是体育课程思想政治教育学科系统所发挥的自身能力、所具有的积极作用以及所作出的有益贡献。学科的功能，是一门学科建设、发展的价值取向和存在合法性的重要依据，也是进行学科界定的重要蕴含。[2] 体育课程思想政治教育的地位与功能是一个问题的两个方面，它们既有区别又紧密相连，不可分割。把体育课程思想政治教育放到适当的地位，是体育课程思想政治教育发挥其独特功能的前提条件。因此，在充分认识体育课程思想政治教育重要地位的基础上，还应全面了解体育课程思想政治教育的功能。

关于思想政治教育的功能，有许多不同的论述角度，由此分出的功能类别也各不相同。我们借鉴陈万柏、张耀灿关于"思想政治教育功能类型"的研究[3]，将体育课程思想政

[1] 郭绍均：《思想政治教育学科系统研究》，博士学位论文，兰州大学，2017。
[2] 高超杰：《关于思想政治教育学科界定的理论思考》，博士学位论文，中南大学，2014，第31页。
[3] 陈万柏，张耀灿：《思想政治教育学原理》，高等教育出版社，2007，第57-65页。

治教育的功能从个体性功能与社会性功能两个维度进行阐释。所谓个体性功能，是指体育课程思想政治教育在促进受教育者全面发展方面的影响和作用，主要表现为促进学生全面发展、增强学生社会责任感、培养学生正确价值观、提升学生思想政治素质等方面。个体性功能是体育课程思想政治教育活动直接目的的表现，可以视作是体育课程思想政治教育的本体功能。社会性功能是指体育课程思想政治教育对社会发展所能发挥的积极作用，具体地说，就是指体育课程思想政治教育对社会政治、经济、文化等产生的作用。一般来说，个体性功能是社会性功能的基础，因为体育课程思想政治教育的直接作用就是促进教育对象（人）的发展，其社会性功能必须通过个体性功能的提升和外化才能得以实现，即体育课程思想政治教育是通过"人的发展"这个中介来影响社会生活，促进社会政治、经济和文化等方面发展的。而体育课程思想政治教育的社会性功能又是衡量个体性功能的重要尺度，因为只有当体育课程思想政治教育在很大程度上促进了社会的全面进步，个体性功能才算是得到了很好的发挥。

一、体育课程思想政治教育的个体性功能

（一）促进学生的全面发展

体育活动中所蕴含的竞争与合作、成功与失败等元素，能够培养学生积极向上的精神状态和坚韧不拔的意志品质。这些品质正是思政教育所追求的目标，有助于学生在德、智、体、美、劳各方面实现全面发展。

在体育活动中，竞争是不可避免的。健康的竞争环境可以激发学生的斗志，让他们更加努力地追求目标。通过竞争，学生可以学会如何在压力下保持冷静，如何调整策略以应对不同的对手，以及如何在失败后重新站起来。这种竞争精神不仅有助于学生在体育活动中取得成功，还能培养他们在未来生活和职业中积极进取的心态。体育活动中的团队合作也是至关重要的。在团队中，学生需要学会与他人沟通、协调和配合，以实现共同的目标。这种合作精神不仅有助于学生在体育活动中取得好成绩，还能培养他们的团队协作能力和社会责任感。

在体育活动中取得成功，可以极大地增强学生的自信心和自尊心。通过不断的努力和练习，当学生最终达到目标或赢得比赛时，他们会深刻体会到付出与收获的关系，从而更加珍惜自己的努力成果。这种成功的体验也会激励学生在未来的学习和生活中更加积极向上，勇往直前。失败在体育活动中同样是不可避免的。然而，正是这些失败的经历，让学

生学会了如何面对挫折、如何从失败中汲取教训并寻求新的机会。通过不断的尝试和调整，学生会逐渐培养出坚韧不拔的意志品质，这种品质将伴随他们走过人生的每一个阶段。

综上所述，体育活动中的竞争与合作、成功与失败等元素能够培养学生积极向上的精神状态和坚韧不拔的意志品质。这些品质与思政教育所追求的目标高度契合，有助于学生在德、智、体、美、劳各方面实现全面发展。因此，我们应该充分利用体育活动的这些特点，为学生提供一个更加丰富和多元的成长环境。

（二）增强学生的社会责任感

体育教育不仅关乎身体健康和运动技能的培养，还承载着更深层次的教育意义。体育教育可以通过体验、互动和锻炼，引导学生关注社会公平、公正，培养他们积极参与社会事务、关心国家命运的情感。这有助于学生在成长过程中形成自觉尊重他人、关爱他人的社会责任感。

在体育活动中，学生们不仅需要关注自身的技能和体能发展，还需要学会与队友合作，共同追求目标。这种合作与竞争并存的环境，实际上是社会的一个微缩模型。学生们在这个模型中，会遭遇到各种挑战和困难，需要他们通过沟通和协商来解决问题。这样的过程不仅锻炼了他们的团队协作能力，也让他们学会了如何在社会环境中处理冲突和分歧。进一步来说，体育教育可以引导学生们关注到社会公平和公正的问题。例如，在团队运动中，每个学生都有平等参与的机会，他们的贡献会被公正地评价。这样的环境让学生们切身体会到公平和公正的重要性，从而在他们心中埋下追求社会公平、公正的种子。此外，通过参与体育活动，学生们能够更直观地了解到团队合作、拼搏精神等社会价值，这些都将激发他们更加积极地投身到社会建设和国家发展中。

因此，体育教育在学生的成长过程中起着举足轻重的作用。它不仅能强健学生的体魄，更能塑造他们的品格，增强他们的社会责任感。这种社会责任感将伴随他们一生。

（三）培养学生正确的价值观

体育课程是价值观传递的有效途径之一。通过体育课程，可以引导学生树立正确的胜负观、荣辱观，培养他们的竞争意识和公平竞争的观念。同时，体育教育也能培养学生尊重规则、遵守纪律的良好品德。

首先，体育课程能够帮助学生树立正确的胜负观。在体育竞赛中，学生们会经历胜利和失败，这是他们理解胜负意义的直接途径。教师可以通过适当的引导，让学生们认识到胜利不是唯一的目标，更重要的是参与的过程和努力的态度。同时，也要让学生们学会从失败中吸取教训，不断提升自己，以更积极的心态面对未来的挑战。其次，体育课程有助于培养学生的正确的荣辱观。在团队运动中，每个人的表现都会影响到整个团队的成绩。教师可以通过强调团队精神和集体荣誉感，让学生们意识到个人的成就与团队的荣誉是紧密相连的。这样，学生们就会更加珍惜团队的每一份荣誉，也会更加努力地为团队作出贡献。再次，体育教育能够激发学生的竞争意识。在竞争激烈的社会中，具备一定的竞争意识是非常重要的。体育课程为学生们提供了一个安全的竞争环境，让他们在体育活动中学会如何与他人竞争、如何面对挑战。这种竞争意识不仅有助于学生们在体育课程中取得更好的成绩，也会对他们的未来职业生涯产生积极的影响。最后，体育教育还能培养学生尊重规则、遵守纪律的良好品德。在体育活动中，规则和纪律是不可或缺的。教师可以通过强调规则和纪律的重要性，让学生们学会如何在规定的框架内行动，从而培养他们的自律性和责任感。这种品德不仅对学生们的个人成长至关重要，也对他们未来在社会中的发展具有重要意义。

综上所述，体育课程不仅是锻炼身体的平台，更是传递价值观、塑造品格的重要途径。通过体育课程丰富的教学内容和形式，教师可以引导学生们树立正确的胜负观、荣辱观，培养他们的竞争意识和公平竞争的观念，同时培养他们尊重规则、遵守纪律的良好品德。这些价值观和品德将对学生们的未来发展产生深远的影响。

二、体育课程思想政治教育的社会性功能

（一）体育课程思想政治教育的政治功能

体育课程思想政治教育的政治功能是指通过体育课程中的思想政治教育环节，培养符合社会发展需要的、具备一定思想政治素质的受教育者，从而推动社会的政治发展。这一功能具体体现在以下几个方面：

1. 传递社会主义核心价值观

体育课程作为学校教育的重要组成部分，是传递社会主义核心价值观的重要渠道。在体育活动中，学生们不仅能够锻炼身体，提高体质，还能在潜移默化中接受到正确的价值观的熏陶。

体育课程中的团队合作、公平竞争、顽强拼搏价值观与社会主义核心价值观高度契

合。通过体育课程这一实践平台，学生们能够在亲身体验中深入理解和践行这些价值观，从而为他们的未来成长奠定坚实的基础。

总的来说，体育课程在传递社会主义核心价值观方面发挥着不可或缺的作用。通过丰富多样的体育活动，学校可以引导学生们树立正确的价值观，培养他们的团队意识、公平竞争意识和顽强拼搏精神，为他们的全面发展提供有力的支持。

2. 塑造公民意识

体育课程中的规则和纪律要求能够培养学生的规则意识和法律意识。发扬遵守规则、尊重裁判、公平竞争等体育精神，能够引导学生形成良好的公民素养，为将来参与社会生活打下坚实基础。

首先，体育课程中的规则对学生的行为进行了明确的规范。在参与体育活动时，学生必须遵守既定的规则，否则将面临相应的处罚。这种规则意识的培养，使学生逐渐理解到在社会生活中，无论身处何种环境，都需要遵守一定的规则和制度。这种意识的形成，对于他们未来成为遵守社会规范、具备自律精神的公民至关重要。其次，体育课程中的纪律要求强化了学生的自我约束能力。在体育活动中，学生需要自觉遵守纪律，如按时到达训练场地、服从教练安排等。这种纪律性的培养，有助于学生形成良好的行为习惯和提升自我管理的能力，为将来在工作和生活中遵守法律法规、遵循职业道德规范打下坚实的基础。此外，遵守规则、尊重裁判、公平竞争等体育精神，也是体育课程中所强调的重要价值观。这些价值观不仅关乎体育活动的公平竞争和顺利进行，更在潜移默化中引导学生形成良好的公民素养。通过参与体育活动，学生学会尊重他人、遵守社会规则，进而培养出积极、健康的社会态度。

综上所述，体育课程中的规则和纪律要求对塑造学生的公民意识具有重要意义。它们不仅有助于培养学生的规则意识和法律意识，还能引导他们形成良好的公民素养，为将来参与社会生活奠定坚实的基础。

3. 增强国家认同感

体育，作为一种社会文化现象，与国家和民族的荣誉紧密相连。在体育领域，国家代表队的每一次胜利，都不仅仅是一场比赛的胜出，更是国家实力和民族精神的体现。因此，在体育课程中融入国家体育健儿为国争光的故事，对于激发学生的爱国情感和民族自豪感具有深远的意义。

当学生们听到或看到体育健儿们的故事时，他们很容易产生共鸣，从而激发出强烈的爱国情感和民族自豪感。他们会为这些体育健儿的成功感到自豪，也会为身为同一个国家和民族的一分子而感到骄傲。这种自豪感不仅源于赛场上的胜利，更源于那种不屈不挠、勇往直前的民族精神。进一步来说，这种爱国情感和民族自豪感会增强学生对国家的认同感和归属感。他们会更加珍视和热爱自己的国家，更加愿意为国家的繁荣和发展贡献自己的力量。这种认同感也会促使他们在日常生活中更加积极地参与社会活动，关心国家大事，成为有责任感、有担当的公民。

总的来说，在体育课程中讲述国家体育健儿为国争光的故事，是一种非常有效的教育方式。它不仅能够激发学生的爱国情感和民族自豪感，还能增强他们对国家的认同感和归属感。这种教育方式对于学生的全面发展以及国家的未来建设都具有重要的意义。

4. 提升社会凝聚力和向心力

体育课程中的团队活动和集体运动，有助于培养学生的团队合作精神和集体荣誉感。这种精神可以转化为对社会的凝聚力和向心力，使学生们更加认同和热爱自己的国家和民族，从而增强整个社会的稳定性和凝聚力。

在体育课程中的团队活动和集体运动中，学生们学会了相互配合、共同协作，为了团队的共同目标而努力。这种经历不仅锻炼了他们的团队协作能力，还深深地烙印下了集体荣誉感。当一个团队或集体在运动中取得优异成绩时，每个成员都会感受到由衷的自豪和满足。这种集体荣誉感不仅限于体育场上，它会潜移默化地影响学生的日常行为和思想。学生们会逐渐认识到，每个人都是社会大家庭中的一员，个人成就与集体荣誉紧密相连。进一步来说，这种团队合作精神和集体荣誉感可以转化为对社会的凝聚力和向心力。学生们通过体育课程的团队活动，学会了如何与他人和谐相处、共同奋斗。这种精神在他们未来的社会生活中将发挥重要作用，促使他们更加积极地参与到社会公共事务中，为社会的繁荣稳定贡献力量。同时，对集体的认同和热爱也会自然而然地升华到对自己的国家和民族的认同和热爱。学生们在体育课程中培养的团队合作精神和集体荣誉感，将使他们更加珍视和热爱自己的国家和民族，从而增强整个社会的稳定性和凝聚力。

因此，体育课程中的团队活动和集体运动不仅对学生的身体健康有益，更在培养学生的社会责任感、提升学生的国家认同感以及促进社会稳定方面发挥着不可或缺的作用。

（二）体育课程思想政治教育的经济功能

体育课程思想政治教育的经济功能，是指通过体育课程中的思想政治教育来调动受教育者的积极性，进而促使其主动参与经济建设，以达到促进社会经济发展的目的。这一功能可以通过以下几个方面来具体体现：

1. 提升人力资源质量

通过体育课程中的思想政治教育，可以培养学生的团队协作精神、顽强拼搏的意志和公平竞争的意识。这些品质对于未来职场中的团队合作、项目执行以及面对挑战时的坚持不懈都至关重要。因此，体育课程的思政教育有助于提升未来劳动力市场的整体质量，为社会经济发展提供更高素质的人力资源。

首先，团队协作精神是现代职场中的核心竞争力之一。这种团队协作精神将使学生在未来的工作中能够更好地融入团队，与同事合作，提高团队的整体效能。其次，顽强拼搏的意志是面对困难和挑战时的重要品质。体育课程中的训练和比赛往往要求学生具备坚持不懈的精神，这种精神将激励学生在职场中面对困难时不轻言放弃，而是勇往直前，迎接挑战。最后，公平竞争的意识是现代社会中的基本准则之一。体育课程中的思想政治教育强调公平竞争的重要性，使学生未来在职场竞争中能够遵循规则、诚实守信，凭借实力赢得尊重和机会。

综上所述，体育课程的思政教育对于培养学生的团队协作精神、顽强拼搏的意志和公平竞争的意识具有显著效果。这些品质的提升将有助于学生未来在职场中更好地适应和应对各种挑战，从而提高整个劳动力市场的质量和效率。因此，可以说体育课程的思政教育在为社会经济发展提供更高素质的人力资源方面发挥了积极作用。

2. 激发积极性与创造力

体育课程中的思想政治教育能够激发学生的爱国情感和社会责任感，这会使他们更加积极地投入国家经济建设中。同时，通过培养团队合作精神和创新意识，可以提高学生的创造力，为经济发展注入新的活力。

总的来说，体育课程中的思想政治教育不仅关乎学生的身体健康，更关乎他们的精神世界和未来发展。通过这种方式，我们可以培养出既有爱国情怀又有创新精神的新一代青年，为国家的经济建设和社会发展提供源源不断的动力。

3. 推动社会消费观念的转变

体育课程中的思政教育强调健康、积极的生活方式，这有助于引导学生形成合理的消费观念。当学生将这些观念带入未来的生活中时，他们可能更倾向于选择健康、环保的产品和服务，从而推动相关产业的发展。这种消费观念的转变不仅有利于个人的健康发展，也有助于社会的可持续发展。

体育课程中的思政教育在引导学生形成健康、积极的生活方式方面发挥着重要作用。通过强调体育锻炼、合理饮食和良好的生活习惯，思政教育帮助学生认识到身心健康的重要性，并鼓励他们将这些健康观念融入日常生活中。当学生将这些健康、积极的生活方式内化为自己的价值观时，他们的消费观念也会随之发生变化。他们可能会更加倾向于选择那些符合健康、环保理念的产品和服务，如有机食品、环保家居用品等。这种消费偏好的转变，不仅对学生的个人健康发展有益，也在无形中推动着相关绿色、健康产业的发展。进一步来看，这种消费观念的转变还具有更广泛的社会意义。随着越来越多的学生将健康、环保的消费观念带入未来的生活中，这将有助于推动整个社会形成更加绿色、可持续的消费模式。这种模式的形成，不仅有利于保护生态环境，减少资源浪费，还能促进经济的可持续发展。

因此，体育课程中的思政教育在引导学生形成合理的消费观念方面发挥着积极作用，这种作用不仅对学生的个人成长有益，也对社会的可持续发展产生了深远影响。

综上所述，体育课程思想政治教育的经济功能主要体现在提升人力资源质量、激发学生的积极性与创造力以及推动社会消费观念的转变等方面。这些功能共同作用于社会经济的发展，为推动社会的进步和繁荣作出贡献。

（三）体育课程思想政治教育的文化功能

体育课程思想政治教育作为社会意识形态的组成部分，包含于文化之中，是社会文化的一个结构单位。体育课程思想政治教育的文化功能主要体现在它对社会文化结构及其各组成部分的影响上。这种影响可以从以下几个方面进行归纳：

1. 传承和塑造民族文化

体育课程中的思想政治教育强调对国家意识和文化自信的培养，这有助于弘扬爱国主义精神，传承先辈们的民族文化精神。通过体育活动的组织和参与，学生们能够更深刻地感受和理解民族文化的内涵，从而成为其传承者和推广者。

体育课程中的思想政治教育在培养国家意识和文化自信方面发挥着重要作用。通过强调对国家历史和文化的认识以及对国家未来发展的期许，帮助学生建立起强烈的国家归属感。同时，通过深入了解和体验本民族的优秀传统文化，学生的文化自信也得以增强。这种对国家意识和文化自信的培养，与弘扬爱国主义精神紧密相连。在体育活动中，学生们不仅锻炼了身体，更在无形中接受了爱国主义精神的熏陶。他们通过参与团队竞技、为国争光的过程，更加深刻地理解到个人与国家的紧密联系，从而激发出强烈的爱国情怀。此外，体育活动的组织和参与还为学生们提供了传承先辈们民族文化精神的机会。在体育课程中，可以融入各种民族传统体育项目，如武术、舞龙、舞狮等，这些活动不仅锻炼了身体，更让学生们亲身感受到民族文化的独特魅力。通过这种方式，学生们能够对民族文化的内涵有更深刻地感受和理解，进而成为其传承者和推广者。

体育课程中的思想政治教育通过培养国家意识和文化自信，弘扬爱国主义精神，以及传承先辈们的民族文化精神，为学生们提供了全面而深入的文化教育。这不仅有助于学生们的全面发展，更对维护国家文化安全、推动民族文化传承具有重要意义。

2. 促进文化交流与融合

体育活动本身就是一个文化交流的平台。在体育课程中，不同地域、不同民族的学生聚集在一起，通过共同参与体育活动，促进了各种文化的交流与融合。这种交流不仅有助于增进相互理解和尊重，还能推动文化的创新和发展。

当学生们在球场上默契配合，或在比赛中互相切磋时，他们也在分享各自的文化背景、价值观和生活经验。这种自然的交流方式有助于打破地域和民族的界限，增进彼此之间的了解和尊重。例如，通过体育活动，学生们可能会了解到不同地区的运动习俗、庆祝方式以及对待胜利和失败的态度，这些都反映了各自文化的独特之处。更为重要的是，这种跨文化的交流还能推动文化的创新和发展。当不同文化背景的学生在体育活动中相互碰撞、交流和学习时，他们可能会创造出新的运动方式、规则和传统，从而丰富整个社会的文化内涵。同时，这种交流也有助于培养学生们的开放思维和多元文化意识，为他们未来在全球化的环境中工作和生活打下坚实的基础。

因此，体育活动不仅是一项身体锻炼的活动，更是一个促进文化交流与融合、推动文化创新的重要平台。在学校教育中，应该充分利用体育课程的这一独特功能，为学生们创造更多元、更包容的学习环境。

3. 丰富校园文化生活

体育课程在校园文化中占据着举足轻重的地位。它不仅关乎学生的身体健康和体育技能的培养，更是塑造校园精神风貌、营造积极健康文化氛围的重要途径。

学校通过定期举办各类体育比赛和活动，如运动会、篮球赛、足球赛等，为学生提供一个展示自我、锻炼身心的平台。这些活动不仅能够有效地提高学生的身体素质，培养他们的团队合作精神和竞争意识，还能极大地丰富学生的课余生活，使他们在紧张的学习之余得到放松和娱乐。同时，这些体育活动也是校园文化活力和多样性的重要体现。不同形式的体育比赛和活动吸引了众多学生的参与，他们在运动中感受青春的激情与活力，也在这个过程中结交新朋友，拓展社交圈子。这种积极向上的文化氛围，对于培养学生的审美情趣和人文素养具有潜移默化的影响。在参与体育活动的过程中，学生不仅能够欣赏到运动的美学，还能在比赛中体验到公平竞争、尊重对手等体育精神，从而提升自身的人文素养。此外，通过参与体育活动的组织和策划，学生还能锻炼自己的组织协调能力和团队合作精神，为未来参与社会生活和职业发展打下坚实的基础。因此，体育课程作为校园文化的重要组成部分，不仅关乎学生的身体健康，更在无形中塑造着他们的精神世界，为培养全面发展的人才发挥着不可替代的作用。

综上所述，体育课程思想政治教育的文化功能在于通过塑造和传承民族文化、促进文化交流与融合以及丰富校园文化生活等方式，对社会文化结构及其各组成部分产生深远影响。

个体性功能和社会性功能在体育课程思想政治教育中是紧密相连、互为依存的。个体性功能的实现不能脱离社会性功能去空谈，因为个体的成长和发展总是在一定的社会环境和文化背景中进行的。同时，社会性功能也需要个体性功能做其实现的中介，因为社会的进步和发展最终要落实到每一个个体的行为和选择上。首先，个体性功能的实现必须考虑到社会性功能的影响。个体的思想观念、道德品质、行为习惯等都是在社会环境和文化背景下形成的。在体育课程中，我们不仅要关注学生的身体健康和运动技能的培养，更要通过思想政治教育引导学生树立正确的世界观、人生观和价值观。这些观念的塑造，需要考虑到社会的要求和期望，要使学生能够在社会中发挥积极的作用。其次，社会性功能的实现也离不开个体性功能的中介作用。社会的进步和发展需要每一个个体都能够秉持正确的价值观念，遵守社会规范，积极履行社会责任。在体育课程中，我们通过思想政治教育培养学生的社会责任感、团队合作精神和公民意识，这些品质的形成将有助于学生在未来的社会生活中发挥积极的作用，从而推动社会的进步和发展。

因此，在体育课程思想政治教育中，我们不能将个体性功能和社会性功能割裂开来。只有将这两者紧密地结合在一起，才能最大限度地发挥体育课程思想政治教育的整体功能，培养出既具有健康体魄又具有高尚品德的优秀人才。

第三节　体育课程思想政治教育的任务

思想政治教育的基本问题或者说基本任务是"社会或社会群体用一定的思想观念、政治观点、道德规范，对其成员施加有目的、有计划、有组织的影响，使他们形成符合一定社会所需要的思想品德的社会实践活动"。❶ 体育课程思想政治教育作为思想政治教育系统的重要组成部分，在社会生活中扮演着举足轻重的角色，肩负着特定的责任，即通过体育活动这一实践载体，将社会主义核心价值观、家国情怀、集体主义精神等思政元素融入学生的身体锻炼与品格塑造中，实现"以体育人、以体化人"的目标，培养德智体美劳全面发展的社会主义建设者和接班人。这一责任，恰恰体现了体育课程思想政治教育的根本任务——通过身体力行的体育实践，将思政教育的抽象理论转化为学生可感知、可践行的行为准则与价值追求。只有顺利完成这一任务，体育课程思想政治教育立德树人的目标才能得以实现，其功能才能得到充分发挥。

一、体育课程思想政治教育的根本任务

体育课程思想政治教育的根本任务承担着体育课程思想政治教育在社会主义现代化建设中的核心责任，其目的在于通过体育教育这一特殊途径，实现对学生思想政治素质的培养和提升。体育课程思想政治教育的根本任务，不仅承载着社会主义现代化建设中的重大责任，更是实现体育课程思想政治教育终极目标所不可或缺的关键环节。

习近平总书记在 2024 年 5 月 11 日召开的新时代学校思政课建设推进会上强调，各级党委（党组）要把思政课建设摆上重要议程，各级各类学校要自觉担起主体责任，不断开创新时代思政教育新局面，努力培养更多让党放心、爱国奉献、担当民族复兴重任的时代新人 ❷。因此，与体育课程思想政治教育的根本目的相一致，体育课程思想政治教育的根本任务是深入贯彻马克思列宁主义、毛泽东思想、邓小平理论和"三个代表"重要思想、科学发展观、习近平新时代中国特色社会主义思想等党的理论成果，通过体育教育这一独

---

❶ 张耀灿，等：《现代思想政治教育学》，人民出版社，2001，第14页。

❷ 来源于中华人民共和国中央人民政府网在 2023 年 5 月 11 日发布的《习近平对学校思政课建设作出重要指示强调：不断开创新时代思政教育新局面　努力培养更多让党放心爱国奉献担当民族复兴重任的时代新人》。

特平台，对广大学生进行全面而深入的思想引领，培养出一批让党放心、深怀爱国情怀、勇于担当民族复兴重任的时代新人。这一任务不仅彰显了体育课程在思想政治教育领域的重要地位，更体现了我们为实现中华民族伟大复兴而不懈努力的坚定决心。

这一基本工作的重要性不言而喻，它旨在通过体育这一载体，深化学生的思想政治觉悟，培养他们的社会责任感和爱国情怀，为建设中国特色社会主义奠定人才基础。简而言之，体育课程思想政治教育是我们教育体系中一项重要的基础工作，它的成功实施对于达成体育课程思想政治教育的整体目标具有决定性的影响，同时也对推进社会主义现代化建设具有深远的意义。

（一）明确教育目标

体育课程思想政治教育的根本目标是促进学生的全面发展，这一发展不仅局限于身体健康方面，还深入涉及到心理素质、道德品质以及社会责任感等多个层面。体育课堂不再仅仅是锻炼身体、提高体能的场所，更是塑造人格、磨练意志、培养团队精神与爱国情怀的重要平台。

首先，身体健康是体育教育最基础也是最重要的目标。通过各种体育活动的训练，能够提升学生的体能，增强体质，为他们的日常生活和学习提供坚实的身体基础。其次，体育教育在心理素质方面的培养同样不可忽视。体育活动中的竞技性和挑战性，可以锻炼学生的抗压能力、耐挫能力和自我调节能力。面对运动中的困难与挑战，学生将学会如何调整心态，并在压力下保持冷静，这对于他们未来面对更复杂的社会环境具有重要意义。再者，道德品质的培养是体育课程思想政治教育的核心之一。体育活动中的公平竞争、尊重规则、诚实守信等原则，都是对学生进行道德教育的良好契机。例如，在团队运动中，学生需要学会与队友合作，尊重对手，这不仅能够提升他们的团队协作能力，还能培养他们的公平意识和正义感。最后，社会责任感的培养也是体育课程的重要任务。通过参与体育活动，学生将更加深入地理解团队合作的重要性，学会为团队的胜利而努力，为集体的荣誉而奋斗。这种精神不仅能够在体育场上得到体现，更能够影响学生在日常生活中的行为选择，使他们更加懂得为社会做出贡献，为他人着想。

总的来说，体育课程思想政治教育不仅要增强学生的体质，更要通过体育活动的特殊性质，全面培养学生的意志品质、团队合作精神和爱国情怀，为他们的全面发展打下坚实的基础。

（二）整合教育内容

在体育课程中融入思想政治教育内容需要结合体育项目的特点来有针对性地选取和研发具有思政教育意义的教学内容。这样不仅可以丰富体育课程的内涵，还能在潜移默化中对学生进行价值观的引导和塑造。

以中国体育健儿为国争光的故事为例，这些真实、生动的案例能够极大地激发学生的爱国热情和民族自豪感。当教师讲述中国运动员在奥运会、亚运会等重大国际赛事中奋力拼搏、勇夺奖牌的故事时，学生们不仅能够感受到运动员们坚韧不拔、为国争光的精神，还能深刻理解到体育精神与爱国情怀的紧密联系。同时，通过团队合作的体育项目来培养学生的集体主义和协作精神，也是体育课程思政教育的有效途径。在篮球、足球等团队运动中，学生们需要相互配合、共同协作才能达到最佳效果。这样的体育活动不仅能够锻炼学生的身体素质，还能让他们在实践中学会如何与他人沟通、协调和合作，从而深刻理解到集体主义的重要性。

总的来说，将思政教育内容融入体育课程需要教师们精心设计教学内容和方式，确保思政教育与体育活动的有机结合。通过这样的教学模式，我们不仅能够培养出身体健康、技能过硬的学生，还能塑造出具有爱国情怀、集体主义精神和良好道德品质的新时代青年。

（三）创新教学方法

为了实现体育课程思想政治教育的目标需要不断创新教学方法，强化学生的实践体验和情感参与。通过采用新颖、多样的教学方式，如项目式教学和情境教学，可以让学生更加积极地参与到体育活动中，并在这一过程中自然而然地接受思想政治教育。

项目式教学是一种以学生为中心，以项目完成为导向的教学方式。在体育课程中，教师可以设计一系列具有思政教育意义的体育项目，如"模拟奥运会""校园马拉松"等，让学生通过实际参与和完成这些项目来深入理解体育精神、团队协作、爱国情怀等思政内容。这种教学方式不仅能够提升学生的体育技能，还能在项目实施过程中培养学生的责任感、集体荣誉感以及解决问题的能力。情境教学则是一种通过模拟真实场景或环境来进行教学的方法。在体育课程中，教师可以创设与思政教育相关的情境，如模拟国家队备战奥运会的训练场景，重现中国体育健儿在赛场上奋力拼搏的情境等。通过让学生置身于这些情境中，教师能够引导他们更加直观地感受到运动员坚韧不拔、为国争光的豪情，从而激发他们的爱国热情和民族自豪感。在实施这些教学方法时，教师需要注重学生的情感体验，鼓励他们积极参与、主动思考，并在适当的时候给予引导和点拨。同时，教师还要根据学生的实际情况和反馈不断调整和优化教学方法，以确保思政教育的效果达到最佳。

通过以上这些创新教学方法的运用，体育课程不仅能够锻炼学生的身体，更能够在潜移默化中培养他们的道德品质、集体主义和爱国主义精神，从而实现体育课程思想政治教育的目标。

二、体育课程思想政治教育的具体任务

（一）塑造学生的正确世界观、人生观和价值观

体育课程，不仅是锤炼学生体能的熔炉，更是塑造他们正确世界观、人生观和价值观的摇篮。

体育教师就像是学生们在精神世界中的引路人。他们通过精心设计的体育活动，将那些积极向上的价值观念融入体育课程，如春雨般滋润着学生的心田，让学生们在运动中感受挑战与突破，体会勇气、毅力和坚韧不拔的重要性。所以，体育课程不仅是一场体能的较量，更是一次精神的洗礼。在这里，学生们不仅强健了体魄，更在每一次运动中，感受到了积极向上的力量，为他们的三观塑造奠定了坚实的基础。

（二）培养学生的爱国主义精神

在体育课程中，爱国主义精神的培养是一项至关重要的任务。教师可以通过讲述中国体育的辉煌发展史，带领学生领略中国从体育弱国到体育大国的崛起之路。这样的历史回顾无疑会激发学生的爱国热情，让学生了解到中国体育的辉煌历史和深厚底蕴，让他们为祖国的进步与强盛感到自豪，从而增强学生的民族自豪感和爱国情怀。

同时，还可以邀请中国优秀运动员或退役运动员到学校进行分享交流，或者通过视频资料展示他们的奋斗故事和取得的成就。他们的奋斗历程和取得的辉煌成就，就像是一面面镜子，映照出中华民族不屈不挠、勇往直前的精神风貌。当学生们听到这些运动员克服困难、为国争光的故事时，他们的内心定会被深深触动，民族自豪感也会油然而生。值得一提的是，教师可以组织学生观看或参与国家级的体育赛事。在这样的场合，当学生们看到五星红旗冉冉升起，听到国歌在赛场上空回荡，那种为国争光的荣誉感和使命感会深深

烙印在他们的心中。这样的经历，无疑会进一步培养学生的爱国主义精神，让他们明白，每一个中国人都肩负着为国争光的责任和使命。

（三）强化学生的集体主义意识和团队协作精神

体育课程中的团队运动项目是培养学生集体主义意识和团队协作精神的重要途径。通过参与团队运动，学生可以学会如何与他人合作、如何为团队目标而努力，从而深刻理解到集体主义的重要性。同时，教师还可以通过设置团队任务、组织团队竞赛等方式，进一步强化学生的团队协作精神，培养他们的集体荣誉感。

当学生踏入体育课程这个充满活力的领域，他们不仅锻炼了身体，更在心灵深处播种下团结与合作的种子。参与团队运动，学生将亲身体验到如何与他人携手并进，共同追求一个目标。在这个过程中，他们学会了倾听、理解和支持，这些都是团队协作中不可或缺的要素。通过一次次的配合与磨合，学生们会深刻认识到，每个人的努力都是团队成功的关键，而团队的成功也是个人价值的最大体现。为了进一步强化学生的团队协作精神，教师可以通过精心设计的团队任务和竞赛，让学生在实践中感受集体的力量。当学生们为了共同的目标而拼搏，当他们一起分享胜利的喜悦和承担失败的教训时，他们的集体荣誉感也会在这个过程中悄然生长。

（四）锻炼学生的意志品质和心理素质

体育运动具有挑战性和竞争性，这正是培养学生意志品质和心理素质的良好契机。在体育课程中，教师可以通过设置具有一定难度的运动任务，让学生在挑战中磨练意志、增强自信心。同时，教师还可以教授学生一些心理调适的方法，帮助他们在面对挫折和困难时能够保持冷静、积极应对，从而提升他们的心理素质。

体育运动，不仅锻炼了学生的身体，更在无声中塑造了他们的心灵。在这个充满挑战与竞争的舞台上，每一个学生都在不断地成长，不断地超越，成为更加坚强、更加自信的自己。

（五）培养学生的社会责任感和公民意识

体育课程中的社会实践和公益活动是培养学生社会责任感和公民意识的有效途径。教师可以组织学生参与体育公益活动，如校园环保运动、社区体育服务等，让学生在实践中感受到自己的社会责任和使命。同时，教师还可以结合体育领域的道德和伦理问题，引导学生进行讨论和思考，进一步培养他们的公民意识和道德观念。

体育课程中的社会实践和公益活动是培育学生全面发展的重要环节。通过这些活动，学生不仅能够提升体能，还能学会承担社会责任，从而成长为有责任感、有道德观念、有公民意识的优秀青年。

第三章

体育课程思想
政治教育的原则

第一节　体育课程思想政治教育的原则概述

体育课程思想政治教育的原则是指人们根据体育课程思想政治教育的客观规律，同时结合实践经验，为体育课程思想政治教育活动所制定的基本准则。这些原则是为了确保在体育课程中有效地融入思想政治教育，从而提高学生的思想道德素质，促进其全面发展。这些原则的制定，旨在指导体育教师在教学活动中更好地将体育与思想政治教育相结合，使学生在锻炼身体、提高运动技能的同时，也能接受到良好的思想道德教育。通过遵循这些原则，可以更好地实现体育课程的育人目标，培养出德智体美劳全面发展的社会主义建设者和接班人。

一、确立体育课程思想政治教育原则的依据

正确把握并运用体育课程思想政治教育原则，首先需要明确这些原则确立的依据。体育课程思想政治教育原则的确立，主要基于以下几个方面的依据：

（一）法律法规和宪法精神

法律法规和宪法精神作为国家的基石和行为的准则，对体育课程中的思想政治教育具有举足轻重的指导作用。在确立体育课程思想政治教育原则时，我们必须严格遵循这些法律法规和宪法精神，确保教育的正确方向。这一确立依据为体育课程思想政治教育绘制了一幅明确的蓝图，既保障了教育的规范性，又为其注入了鲜活的时代气息。简而言之，法律法规和宪法精神是体育课程思想政治教育原则确立不可或缺的重要支撑。

首先，法律法规为体育课程思想政治教育提供了明确的边界和框架。在多元化的社会中，各种观点和思想层出不穷，但教育的内容必须符合国家法律的规定，不能违背法律法规的基本原则。这一点在体育课程思想政治教育中尤为关键，因为体育不仅仅是身体的锻炼，更涉及团队合作、公平竞争等社会价值的培养。其次，宪法精神是社会主义核心价值观的体现，它倡导平等、自由、公正等基本原则。在体育课程中，通过传授宪法精神，可以帮助学生建立起对国家和社会的正确认识，培养他们的公民意识和法治观念。这不仅有

助于学生在体育活动中形成健康的竞争意识，还能在日常生活中更好地维护自己的权益，自觉地履行公民义务。最后，融入法律法规和宪法精神的体育课程思想政治教育，更具时代性和前瞻性。随着社会的进步和科技的发展，法律法规和宪法精神也在不断完善和更新。将它们作为教育的核心内容，可以确保体育课程与时俱进，不仅能教授学生传统的体育技能，更能在思想层面上进行深层次的引导和启迪。

总之，法律法规和宪法精神在体育课程思想政治教育原则的确立中，不仅提供了明确的指导和方向，更赋予了教育内容深厚的法律底蕴和时代价值，是不可或缺的重要依据。通过这样的教育，我们能够培养出既具备体育技能，又拥有高尚品德和法治观念的全面发展的人才。

（二）国家教育方针和政策导向

国家教育方针和政策导向，作为教育事业发展的总纲领和行动指南，对于体育课程思想政治教育具有决定性的引领作用。它们不仅为体育课程思想政治教育原则的确立提供了根本遵循，更是保障教育质量、实现教育目标的关键所在。在体育课程中，我们必须坚决贯彻落实国家教育方针和政策导向，确保思想政治教育工作始终沿着正确的方向前进。

首先，国家教育方针和政策导向明确了国家对于教育事业的总体要求和期望目标，为各级各类教育提供了发展的方向和路径。体育课程作为教育体系的重要组成部分，其思想政治教育原则的确立必须符合国家教育方针和政策导向，以确保教育目标的顺利实现。其次，国家教育方针和政策导向是国家意志和价值观的集中体现。在体育课程中贯彻这些方针和政策，有助于培养学生的国家意识和社会责任感，使其成为符合国家需要和社会发展的有用人才。再次，国家教育方针和政策导向强调学生的全面发展，包括德、智、体、美、劳等多方面。体育课程不仅要关注学生的身体健康，还要注重培养学生的道德品质、智力发展和审美情趣。因此，在体育课程中融入思想政治教育，是实现学生全面发展的重要途径。此外，国家教育方针和政策导向对教育质量提出了明确要求。在体育课程中确立思想政治教育原则，有助于提升课程的思想性、教育性和针对性，从而提高教育质量，培养出既具备体育技能又具有良好思想政治品质的优秀人才。最后，随着社会的发展和时代的进步，国家对人才的需求也在不断变化。国家教育方针和政策导向会根据社会需求进行调整和完善，同时体育课程思想政治教育原则的确立也需要与时俱进，从而适应社会发展和国家建设的需要。

因此，在体育课程的设计与实施过程中，我们始终将国家教育方针和政策导向作为不可动摇的基石，以此引领和推动思想政治教育的深入开展，为培养德、智、体、美、劳全面发展的社会主义建设者和接班人奠定坚实基础。

（三）价值观培养和规范

价值观培养和规范是体育课程思想政治教育不可或缺的重要元素。它们不仅为教育原则的确立提供了坚实的依据，更在塑造学生思想道德观念方面扮演着举足轻重的角色。通过帮助学生树立正确的价值观并引导他们遵循相应的规范，我们能够有力地助推学生形成正面的世界观、人生观和价值观，为他们未来的全面发展奠定稳固的基石。同时，这也为体育课程中的思想政治教育指明了方向，从而确保教育活动的精准性和有效性。

首先，价值观培养是思想政治教育的核心目标之一。在体育课程中，通过价值观的培养，可以引导学生形成正确的人生观、价值观和世界观，从而塑造他们积极向上的人生态度和正确的行为准则。这有助于学生在面对复杂多变的社会环境时，依然能够做出符合道德规范和社会价值的选择。其次，规范是维护社会秩序和公共利益的基础。在体育课程中，规范不仅指运动场上的规则，更包括社会行为的基本准则。通过引导学生遵守规范，可以培养他们的规则意识和自律精神，进而在日常生活中形成良好的行为习惯和社会责任感。这对于建设和谐社会、促进个体与社会的协调发展具有重要意义。再者，体育课程作为大学公共基础课程之一，在传递社会主义核心价值观、弘扬爱国主义精神、践行团队合作精神等方面具有独特作用。通过体育课程中的思想政治教育，可以将这些核心价值观念植入学生的内心，成为他们思考问题、决策行为的重要依据。这有助于学生在未来的生活和工作中，更好地践行社会主义核心价值观，为社会的繁荣稳定贡献力量。

总之，价值观培养和规范在体育课程思想政治教育中占据着举足轻重的地位，是确立教育原则的重要依据。它们不仅关乎学生个体的全面发展，更对社会的和谐与进步具有深远影响。在体育课程中，应以社会主义核心价值观为引领，明确正确的价值取向，培养学生的道德观念和社会责任感并帮助其形成良好的行为规范。

（四）群体心理和社会交往

人是社会性动物，我们的思想和行为深受社会环境的影响。在社会的大熔炉中，个体如何更好地融入并与他人和谐共处，是每个人成长的必修课。体育课程，作为学校教育的重要组成部分，不仅要锻炼学生的身体，更要注重学生的全面发展，特别是社交能力和团队意识的培养。在体育课程中，学生往往需要通过集体活动来达成目标，这为他们提供了一个绝佳的实践平台。通过参与团队运动，学生不仅可以在合作与竞争中学会如何与他人有效沟通、协同工作，这种经验对于他们未来步入社会、融入各种团队和集体具有极其重要的意义。

首先，群体心理对于个体行为有着显著的影响，特别是在体育课程活动开展的过程中，通常设有团队合作和集体项目，这些活动形式使学生们成为一个紧密的团队。在这样的环境下，群体心理能够激发学生的集体荣誉感和归属感，促使他们更加积极地参与到课程中来。同时，通过合理的引导和教育，教师可以利用群体心理帮助学生树立正确的价值观和道德观，进而达成思想政治教育的目标。其次，社会交往在体育课程思想政治教育中同样扮演着关键角色。体育课程为学生提供了一个自然的社交平台，在这里，他们可以与同龄人进行广泛的互动和交流。通过社会交往，学生可以学会如何与他人合作、沟通和解决冲突，这些技能对于他们未来的社会生活至关重要。此外，社会交往还能够帮助学生培养同理心和尊重他人的品质，从而促进他们的道德发展和社会责任感的形成。体育课程不仅关乎学生的身体健康，更承载着培养学生全面发展、塑造良好品格的重要任务。群体心理和社会交往作为人类社会的基本属性，对于个体的思想、情感和行为都有着深远的影响。在体育课程中融入这些要素，能够使学生在锻炼身体的同时，也能够在思想和道德层面得到全面的提升。因此，将群体心理和社会交往作为体育课程思想政治教育原则的依据，是确保体育课程全面、科学、有效的重要途径。

总之，群体心理和社会交往是体育课程思想政治教育不可或缺的重要组成部分，它们对于培养学生的团队合作精神、社交能力以及道德品质具有明显功效。因此，将这两者作为确立体育课程思想政治教育原则的重要依据是合理且必要的。

（五）学习和实践的统一

学习和实践的统一是体育课程思想政治教育原则确立的重要依据。理论学习与实践活动，这两者如同体育比赛中的攻与守，缺一不可，相辅相成。没有扎实的理论学习，实践就如同无根之木，难以稳固；而没有实践的锻炼，理论也只是纸上谈兵，难以转化为真正的能力。

首先，学习是获取知识、理解理论和培养思维能力的基础。在体育课程中，学生通过学习可以了解体育精神、道德规范以及相关的思想政治理论。这种学习不仅有助于学生建立正确的价值观和世界观，还为他们提供了分析和解决问题的理论框架。其次，实践是检验理论、应用知识和提高技能的重要环节。体育课程中的实践活动，如各种体育运动和训练，为学生提供了将理论知识应用于实际情境的机会。通过实践，学生可以亲身体验到团队合作的重要性、理解竞技精神的内涵以及面对挑战时制定应对策略。这种亲身经历不仅加深了学生对理论知识的理解，还培养了他们的实际操作能力和应对复杂情况的处理能力。更重要的是，学习和实践的统一促进了学生全面而均衡地发展。单纯的理论学习可能导致知识与实践的脱节，而单纯的实践又可能缺乏理论指导和深度。只有将学习与实践相结合，学生才能在理解理论的同时，通过实践来巩固和拓展知识，具备完整的知识体系和良好的实践能力。此外，体育课程中的思想政治教育旨在培养学生的社会责任感、集体荣誉感和良好的道德品质。通过参与团队运动、遵守比赛规则等实践活动，学生可以深刻体会到个人行为对集体和社会的影响，从而增强他们的社会责任感和公民意识。

总之，学习和实践的统一在体育课程思想政治教育中发挥着至关重要的作用。它不仅帮助学生理解和掌握理论知识，还培养了他们的实践能力、团队协作精神和道德品质。因此，这一原则的确立对于提升体育课程思想政治教育的效果和质量具有重要意义。

（六）体育教育的内在规律

体育教育具有其独特的特点和规律，如实践性、竞技性和团队合作等，这些特点不仅塑造了体育教育的特色，也为思想政治教育创造了丰富的资源和契机。在确立体育课程思想政治教育原则时，应深入考虑这些特点，实现思想政治教育与体育教育的有机融合，从而提升学生的综合素养。

首先，体育教育的实践性使学生在学习过程中需要亲身参与和体验。这种实践性为思想政治教育提供了生动的教育场景。通过参与体育活动，学生可以更直观地理解和感受团队合作、公平竞争、坚持不懈等价值观的重要性。因此，在思想政治教育中，可以充分利用体育教育的实践性，设计具有实际操作性的教育活动，让学生在实践中体悟和内化思想政治教育的核心理念。其次，体育教育的竞技性激发了学生的竞争意识和挑战精神。在思想政治教育中，这种竞技性可以被转化为积极向上的动力，激励学生追求卓越、勇于挑战自我。同时，通过引导学生在竞技中保持公平竞争的态度和尊重对手的精神，可以进一步培养学生的道德品质和社会责任感。最后，团队合作是体育教育中的重要特点之一。在体育运动中，学生需要学会与他人协作、共同面对挑战。这一特点为思想政治教育提供了培养学生集体主义和团队协作精神的机会。通过参与团队运动，学生可以学会如何在团队中发挥自己的作用，如何与他人沟通和协调，从而培养出强烈的团队意识和集体荣誉感。

总之，在确立思想政治教育原则时，充分考虑体育教育的实践性、竞技性和团队合作等内在规律与特点，可以使思想政治教育更加贴近学生的实际需求和兴趣点。通过有机融合这些特点，不仅可以提升思想政治教育的吸引力和实效性，还能促进学生的全面发展，培养出具备高尚品德、健康体魄和团队协作精神的优秀人才。

二、确立体育课程思想政治教育原则的意义

（一）有利于培养全面发展的人才

通过确立体育课程思想政治教育原则，可以促进我们更好地关注学生的全面发展，包括身体、心理、道德和思想政治素质的提升。体育课程思想政治教育原则也进一步强调了在体育课程中融入思想政治教育的重要性和必要性，这对于培养学生的社会主义核心价值观，提高他们的社会责任感和国家认同感具有重要的意义。

体育课程的首要目标是促进学生的身体健康。通过设计多样化的体育活动和训练，可以增强学生的体质，提高他们的运动技能和身体协调性，为他们的未来生活奠定基础。体育活动不仅对学生的身体健康有益，还能促进他们的心理健康。通过参与体育运动，学生可以释放压力、增强自信心和培养意志力。在体育课程中，教师可以引导学生面对挫折和困难时保持积极心态，提升他们的心理素质和抗挫能力。体育课程是培养学生道德品质的重要场所。教师可以通过体育活动的组织，引导学生学会尊重规则、尊重对手和尊重自己。同时，体育课程还能培养学生的团队合作精神和奉献精神，让他们学会在集体中发挥自己的作用。在体育课程中融入思想政治教育，可以帮助学生树立正确的世界观、人生观和价值观。教师可以通过讲述体育精神、国家荣誉等内容，激发学生的爱国情感和集体荣誉感。同时，引导学生关注国家大事，了解国家政策，提高他们的思想政治素质。

因此，确立体育课程思想政治教育原则对于促进学生的全面发展具有重要意义。这不仅有助于学生的身体健康和心理成长，还能培养他们的道德品质和思想政治素质。通过体育课程思想政治教育原则的遵循，可以促进我们培养出德才兼备、全面发展的社会主义建设者和接班人，为国家的繁荣和社会的进步贡献力量。

（二）有利于践行新时代教育理念

随着教育事业的发展，新时代的教育理念强调以德为先，即在各学科教育中都应融入思想政治教育元素。体育课程思想政治教育原则的确立，正是对这一教育理念的具体体现和深入实践。

新时代的教育理念不再仅仅关注知识的传授，而是更加注重学生的全面发展，特别是思想政治素质的培养。这体现了教育从单一的知识教育向全面素质教育的转变。体育课程思想政治教育原则的确立，是对新时代以德为先教育理念的积极回应。通过在体育课程中融入思政教育元素，关注学生的身体健康和运动技能的培养，重视学生的思想道德和精神品质的塑造。体育课程中的思政教育有助于培养学生的爱国情怀、团队协作、集体荣誉等素质，进而提高学生的综合素质。这种教育模式不仅锻炼了学生的身体，更在潜移默化中引导他们形成正确的价值观、人生观和世界观。在体育课程中，可以通过讲述体育精神、国家体育事业发展历程等方式，自然融入思政教育元素。这样既能保持体育课程的特色，又能实现思政教育的目的。此外，体育课程多采用多样化的教学方法，如情景模拟、角色扮演等，更利于让学生在参与体育活动的过程中深刻体验团队协作、拼搏进取等思政精神。

因此，体育课程思想政治教育原则的确立是新时代教育理念的生动体现。它践行了全面发展、以人为本以及实践创新教育等新时代教育理念，为培养德才兼备的社会主义建设者和接班人提供助力。展望未来，我们应继续深化体育课程思想政治教育改革，探索更多有效的实施路径，为培养新时代优秀人才贡献力量。

（三）有利于落实"五育并举"的教育方针

教育部门强调"德、智、体、美、劳"五育并举的教育方针，旨在促进学生的全面发展。在这一方针指导下，体育课程不仅关注学生的身体素质和运动技能的培养，还承担着德育的重要任务。因此，在体育课程中确立思想政治教育原则，对于夯实学生全面发展的基础，特别是德育方面的发展，具有深远的意义。

首先，体育课程中的思想政治教育有助于培养学生的道德品质。体育活动需要学生遵守规则、尊重裁判和对手，这无形中培养了学生的公正、诚信和尊重他人的品质。同时，通过团队协作和竞技对抗，学生可以学会团结、合作与拼搏，这些都是现代社会中不可或缺的德育内容。其次，体育课程中的思想政治教育有助于提升学生的社会责任感。在体育课程中，教师可以向学生讲述中国参与奥运会的百年历程，从最初的"奥运三问"到刘长春单刀赴会参加洛杉矶奥运会，再到中国代表团在柏林奥运会上的初具规模，以及2008年北京奥运会的成功举办，直到2022年北京冬奥会的辉煌成就。通过生动的历史故事，让学生感受中国体育事业的艰辛与辉煌，激发他们的爱国情怀和民族自豪感。这种教育方式能够让学生更加深刻地认识到自己作为社会成员的责任和使命，从而培养他们的社会责任感和担当精神。此外，体育课程中的思想政治教育还能促进学生的自我成长和自我完善。通过参与体育活动，学生可以学会面对挫折和困难时保持积极心态，培养坚韧不拔的意志力和自强不息的精神。这些品质不仅对学生的个人成长至关重要，也是他们未来走向社会、实现自我价值的基础。

总之，在体育课程中确立思想政治教育原则，不仅有助于提升学生的身体素质，更能夯实他们在德育方面的发展基础。这符合教育部门"德、智、体、美、劳"五育并举的教育方针，为学生的全面发展提供了有力支持。因此，我们应该重视并在实践中不断探索和完善体育课程中的思想政治教育。

（四）有利于提升体育课程的教育价值

将思想政治教育融入体育课程，不仅丰富了体育课程的内容，还能显著提升其教育价值。在这样的教学模式下，体育课程不再是单一的身体锻炼场所，而是转变成了一个多元化、深层次的教育平台，更成为培养学生良好思想道德品质的重要途径。

传统的体育课程主要关注学生的体能锻炼和运动技能的培养，但当思想政治教育被巧妙地融入，体育课程的内涵和外延都得到了极大的拓展。学生在参与体育活动的过程中，不仅锻炼了身体，更在无形中接受了思想道德的熏陶。例如，通过各种团队协作的体育活动，学生可以深刻体会到团队合作的重要性，学会如何在集体中发挥自己的作用，如何与他人沟通和协调。这既是一种社会技能的培养，也是一种集体主义精神的塑造。再如，通过体育竞赛中的公平竞争，学生可以学会如何正确对待成功与失败，如何面对挫折与困难。这既培养了他们的竞争意识，也提升了他们的心理素质和意志力。还有，体育教师在课程中加入对国家体育健儿奋斗故事的讲述，能够激发学生的爱国热情和民族自豪感。这样的教育内容不仅增强了学生的国家意识，也让他们更加珍惜和重视自己的身体健康。

总之，将思想政治教育融入体育课程是一种创新且富有成效的教育方法。思想政治教育作为塑造人格、引领价值观的关键环节，通过与体育活动的紧密结合，为体育课程注入了更为深厚的内涵，提升了体育课程的教育价值。它不仅让体育课程变得更加生动有趣，更重要的是，它使学生在锻炼身体的同时，也得到了思想道德上的升华。这无疑是一种全面、立体的教育模式，值得广大教育工作者深入研究和推广。

（五）有利于促进学生身心健康与社会适应

通过确立体育课程思想政治教育原则，帮助我们能够更加全面地关注学生的身心健康与社会适应。体育课程思想政治教育原则不仅强调了体育锻炼对学生身体健康的重要性，还深化了我们对学生心理健康和社会适应能力的关注。

在身体健康方面，体育课程通过科学的锻炼方法，提高学生的体质和运动能力，为他们的长远发展奠定坚实的基础。同时，通过丰富的体育活动，还能有效预防和减少学生因缺乏运动而导致的健康问题。在心理健康方面，体育课程中的思想政治教育原则能够引导学生积极面对挑战，培养他们坚韧不拔的意志和乐观向上的心态。在运动中，学生们会经历成功与失败，要学会调整情绪，积极面对挫折，这对于他们的心理健康成长至关重要。此外，这一原则还着重培养学生的社会适应能力。在体育课程中，学生们通过参与团队活动，学会与他人合作与沟通，提升解决冲突的能力。这些技能将帮助他们在未来更好地融入社会，与不同背景的人有效合作。

因此，通过确立体育课程思想政治教育原则，促使体育课程不仅重视学生的身体健康，更关注到他们的心理健康和社会适应能力。体育课程思想政治教育原则的实施，将使我们能够更全面地培养学生的综合素质，为他们的全面发展提供有力支持。

综上所述，体育课程思想政治教育原则的确立有利于促进学生的全面发展，践行新时代教育理念，落实"五育并举"的教育方针，提升体育课程的教育价值，以及促进学生的身心健康发展与提高社会适应能力，为"立德树人"教育目标的实现提供全方位的支持。

第二节　体育课程思想政治教育的主要原则

体育课程思想政治教育的原则可以概括为以下几点：全面育人原则、理论联系实际原则、因材施教原则、循序渐进原则、寓教于乐原则以及身体力行原则。

一、全面育人原则

体育课程思想政治教育的全面育人原则，是指在体育课程中融入思想政治教育元素，通过体育活动促进学生的全面发展。这一原则强调体育课程在思想政治教育中的重要作用，并注重培养学生的实践能力、创新精神和道德品质。

"课程思政"设计的逻辑起点是确立价值目标体系。[1] 体育课程思想政治教育的全面育人原则的核心要义主要包括两个方面。一方面强调体育与思政的融合，即体育课程不仅是锻炼身体、提高运动技能的平台，更是进行思想政治教育的重要阵地。通过体育活动，可以潜移默化地培养学生的团队精神、拼搏精神和爱国情怀。另一方面强调学生的全面发展，即全面育人原则关注学生的整体发展，包括身体素质、智力素质、心理素质和道德品质等多个方面。体育课程通过多样化的运动项目和活动形式，有针对性地提升学生的综合能力。体育课程思想政治教育的全面育人原则具体体现在育人内容的全面性和育人力量的全员性。一方面，体育课程在侧重运动技能培养的同时，也注重学生的思想政治教育。另一方面，在体育课程中，教师、学生以及课程内容都具有育人的力量。教师是思政教育的引导者，学生通过体育活动实现自我教育，而课程内容则蕴含着丰富的思政元素。在比赛过程中，教师适时引导，让学生认识到个人与团队的关系、努力与成功的关系，从而培养学生的集体荣誉感、责任感以及坚韧不拔的意志品质。

总之，体育课程思想政治教育的全面育人原则是一种寓教于乐、德智体美劳全面发展的教育理念。通过体育课程的实践活动，学生在锻炼身体的同时，也能够提升思想道德水平，实现全面发展。

二、理论联系实际原则

体育课程思想政治教育的理论联系实际原则，是指在体育课程中进行思想政治教育时，应紧密结合实际情况，将理论与具体运动项目和活动相结合，以提高思政教育的针对性和实效性。

体育课程思想政治教育的理论联系实际原则的核心要义是强调在思政教育过程中，既要注重理论知识的传授，又要结合体育课程的实际特点和学生的具体情况进行教学设计，

---

[1] 张明，袁芳，梁志军：《体教融合背景下高校排球课程思政理论与实践研究——女排精神融入排球普修课程的设计》，《北京体育大学学报》2021年第44期。

使思政教育内容更加贴近学生、贴近生活、贴近实际。体育课程思想政治教育的理论联系实际原则的具体要求有三个方面。其一，要结合体育课程特点，即在设计体育课程时，应充分考虑课程特点，选择适合的运动项目和活动形式，将思政教育内容融入其中。其二，要关注学生实际需求，即在体育课程中进行思政教育时，应关注学生的实际需求和心理特点，选择学生感兴趣的话题和案例，激发学生的学习兴趣和积极性。其三，要注重实践体验，即体育课程本身就是一种实践性很强的课程，因此在思政教育过程中，应注重学生的实践体验。通过让学生在实际运动中感受思政教育的内容，从而加深对理论知识的理解。

总之，体育课程思想政治教育的理论联系实际原则是提高思政教育效果的关键。通过结合体育课程特点、关注学生实际需求以及注重实践体验等方式，可以使学生更好地理解和接受思政教育内容，从而实现全面发展的教育目标。

三、因材施教原则

体育课程思想政治教育的因材施教原则是指根据学生的个体差异、兴趣爱好和内心需求，采用具有针对性的教学方法和内容，有利于最大程度地促进学生的全面发展。因材施教原则体现了体育教育的个性化和差异化，有助于提高体育教育的针对性和实效性。因材施教原则在体育课程思想政治教育中占据重要地位并得到广泛的应用，主要体现在分类教学、个性化辅导、创新教学方法和灵活调整教学计划等方面。这些措施旨在满足不同学生的需求，关注他们的心理发展，激发他们的学习兴趣，并根据实际情况灵活调整教学计划。通过这些方法，教师可以更有效地在体育课程中融入思想政治教育，促进学生的全面发展。

首先，要了解学生的特点及个性化需求。在体育课程中，每个学生都有其独特的身体条件、运动能力和兴趣爱好。因此，教师在进行教学前，应深入了解每个学生的特点，包括他们的体能状况、技能水平和心理需求等。例如，有些学生可能擅长速度型运动，而有些学生则更适合力量型或技巧型运动。通过了解学生的特点，教师可以为每个学生制订更合适的教学计划和训练方案。其次，要制订针对性的教学方案。根据学生的个体差异，教师应制订针对性的教学方案。对于体能较好的学生，可以适当增加运动强度和难度，以挑战他们的身体极限；对于体能较差的学生，则应从基础训练开始，逐步提高他们的运动能力。同时，教学方案还应考虑学生的兴趣爱好，选择他们感兴趣的运动项目和活动形式，以激发他们的学习热情。再次，要注重思想引导与制度管理相结合。在体育课程思想政治教育中，教师不仅要注重技能的传授，更要关注学生的思想动态。通过思想引导，帮助学生树立正确的价值观和人生观。同时，结合制度管理，确保课堂纪律和训练效果。例如，可以设立明确的课堂规则和奖惩机制，以激励学生积极参与课堂活动并遵守纪律。最后，要提高教师的自身业务能力与素质。为了更好地实施因材施教原则，体育教师需要不断提高自身业务能力与综合素质。这包括增强思想政治教育意识，提升教学能力和沟通技巧等。体育教师应时刻保持敬业精神，关注学生的成长需求，并根据学生的反馈及时调整教学方法和内容。

总之，因材施教原则在体育课程思想政治教育中具有重要意义。通过了解学生的特点及个性化需求、制订针对性的教学方案、注重思想引导与制度管理相结合以及提高教师的自身素质等措施，可以更有效地促进学生的全面发展，实现体育课程思想政治教育的目标。

四、循序渐进原则

体育课程思想政治教育的循序渐进原则指的是在体育课程思想政治教育中，根据学生的实际情况和教学目标的需要，有步骤、有计划地逐渐推进思想政治教育的内容，使学生能够逐步接受、理解和内化所教授的价值观念、道德准则和行为规范。这一原则强调教学内容的层次性、教学过程的连续性和学生接受的渐进性。循序渐进原则在体育课程思想政治教育中发挥着重要作用，它能够系统地、有计划地培养学生的道德品质、价值观念和社会责任感。通过循序渐进的教学，学生可以更加深入地理解和内化所教授的思想政治内容，从而实现全面发展的教育目标。

体育课程思想政治教育的循序渐进原则不仅符合人们认识事物的规律，也体现了体育训练的科学性和系统性。首先，教学内容应由浅入深。在体育课程的初期，可以通过简单的体育活动和游戏，引导学生理解团队合作、公平竞争等基本概念，为后续的思想政治教育奠定基础。随着课程的深入，可以逐渐引入更复杂的体育项目和活动，通过实践让学生体验并理解勇气、毅力、责任感等品质的重要性。在课程的最后阶段，可以通过组织团队竞赛或挑战性活动，让学生在实践中深刻领悟团结协作、拼搏进取的精神，以及尊重对手、遵守规则等体育道德。其次，注重学生的个体差异和渐进适应。每个学生的身体素质、运动能力和心理承受能力都有所不同。因此，在体育课程中，教师应根据学生的实际情况，制订个性化的教学计划，确保每个学生都能在循序渐进的过程中取得进步。同时，在思想政治教育过程中，体育教师也要密切关注学生的反应和变化，逐步调整教学内容和难度，使学生能够逐步适应、接受和理解思想政治教育的内容。最后，全面系统与重点突出相结合。体育课程中的思想政治教育应涵盖道德、品质、精神等多个方面，形成一个完整的教育体系。通过全面的教育引导，帮助学生树立正确的价值观和人生观。在全面系统的基础上，教师应根据课程目标和学生的实际需求，突出重点教育内容。例如，在团队竞赛中强调团结协作的重要性，或在挑战性活动中着重培养学生的毅力和拼搏精神。

总之，体育课程思想政治教育中的循序渐进原则要求教师在教学过程中由浅入深地安排教学内容，注重学生的个体差异和渐进适应，同时坚持全面系统与重点突出相结合的教学方法。通过这样的教学方式，不仅可以提高学生的身体素质和运动能力，还能有效地进行思想政治教育，培养学生的良好品质和道德观念。

五、寓教于乐原则

体育课程思想政治教育的寓教于乐原则是指在体育课程中进行思想政治教育时，通过创造愉悦的教学环境和采用有趣的教学方法，将教育内容以轻松、愉快的方式传授给学生，使学生在愉快的学习氛围中接受并内化思想政治教育的内容。这一原则旨在激发学生的学习兴趣，提高他们的学习积极性，从而达到更好的教育效果。

体育不仅蕴含着海量的榜样力量与德育元素，而且让习得者沉浸于这种真切、生动的氛围，为有效德育提供了内化情景。❶ 体育课程思想政治教育的寓教于乐原则注重教学内容的趣味性和教学方法的多样性，以吸引学生的注意力，提高他们的学习积极性。在娱乐中学习，不是为了娱乐本身，而是通过娱乐达到教育的目的，使学生在轻松愉快的氛围中接受思想政治教育。寓教于乐原则鼓励师生之间、学生之间的互动，通过互动来增强学生的参与感和归属感，从而更有效地传递思想政治教育的内容。首先，创造轻松愉快的课堂氛围。体育教师在课堂上要保持积极、热情的教学态度，用自己的积极情绪感染学生。可以通过幽默风趣的语言、生动的案例等方式，使课堂变得轻松有趣。其次，设计富有趣味性的教学活动。结合体育课程内容，设计一些具有趣味性和挑战性的游戏或比赛，如接力跑、团队拔河等，让学生在参与中体验团队合作和竞争精神。利用多媒体教学资源，如动画、视频等，增强教学内容的吸引力。再次，注重学生的情感体验。关注学生在课堂上的

---

❶ 王小安，吴欣，卢大学，等：《思想政治教育元素融入高校公共体育教学的价值阐释与路径创新》，《武汉体育学院学报》2023年第57期。

情感变化，及时给予正面的反馈和鼓励，增强学生的自信心和学习动力。通过分享体育明星的故事、励志案例等，引发学生的情感共鸣，引导他们树立正确的价值观和人生观。最后，持续优化教学方法和手段。定期收集学生的反馈意见，了解他们对课堂的期望和需求，以便及时调整教学方法和内容。体育教师可以参加相关培训或研讨，学习更多寓教于乐的教学方法和技巧，不断提高自己的教学水平。体育课程思想政治教育的寓教于乐原则在体育课程思想政治教育中扮演着重要角色，它强调在快乐中学习，通过有趣的活动和轻松的氛围，使学生在愉悦的环境中接受教育，从而更有效地吸收和掌握所教授的内容。

总之，寓教于乐原则在体育课程思想政治教育中的应用具有重要意义。通过创造轻松愉快的课堂氛围、设计富有趣味性的教学活动、注重学生的情感体验、将思想政治教育融入趣味活动中以及持续优化教学方法和手段等，可以有效地提高学生的学习兴趣和积极性，使他们在快乐中接受并内化思想政治教育的内容。

六、身体力行原则

体育课程思想政治教育的身体力行原则是指在体育课程思想政治教育中体育教师应通过自己的实际行动来践行和体现体育思想政治教育的理念和要求。这一原则强调体育教师不仅要在课堂上传授知识和技能，更要通过规范自己的言行来影响和感染学生，成为他们学习的楷模。身体力行，即教育者要以身作则，通过自己的行为规范来教育学生，使他们能够在实践中感悟和理解思想政治教育的真谛。

体育课程思想政治教育的身体力行原则强调体育教师应通过自身的实际行动来示范和传递思想政治教育的价值观念，使学生在无形中接受思想品德的熏陶。首先，体育教师应以身作则。体育教师在课程中应展现出积极向上、助人为乐等优良品德，如在活动中主动帮助学生、展现出团队协作精神等，通过自身行为影响学生。其次，实践中的品德教育。在体育活动中融入品德教育元素，如通过团队游戏培养学生的团队合作精神和集体荣誉感，通过竞技活动培养学生的公平竞争意识和顽强拼搏精神。最后，强调行为规范。体育教师应首先严格遵守体育课程中的规则纪律，以此教育学生遵守社会规范和法律法规的重要性。通过身体力行的方式，体育教师能够将抽象的思想政治教育内容具体化、形象化，从而使学生更容易理解和接受。体育教师的实际行动能对学生产生直接的示范效应，有助于学生形成正确的行为模式和价值观念。体育教师的身体力行，能够为学生树立一个直观的、生动的榜样。学生在观察和模仿体育教师行为的过程中，会潜移默化地受到影响，从而更容易形成正确的价值观和道德观。相比于单纯的理论灌输，身体力行能够让学生在实际行动中感受到思想政治教育的内涵，使教育更加生动、具体，从而提高教育的实效性。

总之，身体力行原则是体育课程思想政治教育中的重要指导原则之一。通过教育者的实际行动和示范效应，该原则能够有效地提升思想政治教育的效果，促进学生的全面发展。

第四章

体育课程思想政治教育的过程及规律

第一节　体育课程思想政治教育过程概述

体育课程思想政治教育过程是指教育者和受教育者在明确目的的指导下，在体育课程中通过特定的方式和手段进行互动的特定教学实践过程。这个过程旨在培养学生的正确世界观、人生观和价值观，同时提高他们的思想政治素质和综合素质。

一、体育课程思想政治教育过程的含义

体育课程思想政治教育过程，可以定义为体育课程教育者根据社会的思想品德要求以及学生思想品德形成和发展的规律，对学生进行有目标、有规划、有系统的教育引导，激发学生内在的思想变化，进而形成符合社会期望的思想品德的过程。在体育课程思想政治教育过程中，教育者和受教育者是主体，他们肩负着共同的目的，即提升学生的综合素质与品德。为实现这一目标，双方通过精心选择的方式和手段展开深度互动。整个教育过程，既体现了教育者的专业素养和引导力，也展现了受教育者的积极参与和成长。简而言之，这是一个以培养学生全面发展为核心，通过双向沟通与交流，实现思政教育目标的重要过程。

对体育课程思想政治教育过程的理解，应包含以下三方面内容：

（一）教育目标与思政融合

体育课程思想政治教育过程的核心在于明确教育目标——将思想政治教育与体育课程紧密融合。通过丰富多彩的体育活动，培养学生的团队协作精神，激发他们的拼搏进取意识。在这一过程中，我们更致力于传递社会主义核心价值观，潜移默化地引导学生塑造正确的世界观、人生观和价值观。教育目标的精准设定与有效实现是体育课程思想政治教育的基石，为培养全面发展的优秀人才奠定了坚实基础。

明确的教育目标为体育课程思想政治教育提供了清晰的方向。它确保了教育活动不是盲目进行，而是有针对性地朝着预定的思政教育目标前进。教育目标的设定促使教育者思考如何将思政教育内容有效地融入体育活动中。这种融合不是简单地叠加，而是需要巧妙

地设计和安排，以确保学生在参与体育活动的同时，能够自然地接受到思政教育的熏陶。明确的教育目标也是评估体育课程思想政治教育效果的重要依据。通过对比教育目标的实现程度，可以客观地评价思政教育的成效，进而指导后续教育活动的改进和优化。体育课程的思政教育目标通常与学生的全面发展紧密相连。体育课程不仅关注学生的身体健康，还致力于促进其心理健康和道德品质的提升，注重培养学生的团队协作精神、拼搏进取的精神，以及传递社会主义核心价值观。这种全面发展的教育理念正是以明确的教育目标为基础的。

（二）教育者与受教育者的主体互动

在体育课程思想政治教育过程中，教育者和学生作为主体，共同扮演着举足轻重的角色。教育者凭借深厚的专业素养，精心策划与组织体育课程，将思政教育元素与体育活动无缝对接，从而潜移默化地引导、启迪并感染每一位学生。而学生则通过积极参与、亲身体验，在体育运动的实践中深刻领悟思政教育的深层内涵。这种师生间的密切互动与协作，不仅显著提升了思政教育的实际效果，更有助于推动学生的综合素质全面发展，实现教育与成长的双向促进。

在体育课程思想政治教育过程中，教育者与受教育者之间的深度互动是不可或缺的。这种互动为课堂注入了活力，使原本抽象的思政教育内容变得鲜活起来，更易于被学生接受和理解。教育者凭借精心策划的体育课程，吸引学生主动参与到各类活动中。例如，在问答环节，教育者巧妙设问，引发学生思考；在讨论环节，双方各抒己见，进行思想的交流与碰撞；在实操环节，教育者手把手指导，让学生在亲身体验中感悟思政教育的真谛。当学生在实践中遇到困惑或提出问题时，教育者能够及时回应，给予明确的解答和恰当的引导。正是这种富有成效的互动，不仅加深了学生对思政教育内容的理解与领悟，还大大提高了体育课程思想政治教育的实际效果。更为重要的是，这种全方位的互动模式有助于培养学生的综合素质，推动他们实现全面而均衡的发展。

（三）教育方式与手段的创新运用

为实现体育课程思想政治教育的目标，教育者需要不断创新教育方式和手段。这包括运用多样化的教学方法、借助现代教学技术、结合体育实践活动等，以激发学生的学习兴趣和提升参与度。同时，教育者还应关注学生的个体差异，因材施教，确保每位学生都能在体育课程中获得思政教育的熏陶。这些方式与手段的创新运用，是提升体育课程思想政治教育效果的重要途径。

首先，运用多样化的教学方法是至关重要的。传统的教学方式可能已经无法满足现代学生的需求，因此，教育者需要尝试更多元、更生动的教学方法。例如，通过小组讨论、角色扮演、案例分析等方式，让学生在互动中学习，不仅能提高他们的学习兴趣，还能培养他们的团队协作能力和批判性思维。其次，借助现代教学技术也是提升教学效果的重要手段。如今，科技的发展为教育带来了无限可能。利用多媒体教学、网络教学平台、虚拟现实技术等，可以让学生更加直观地理解知识，提升学习效果。同时，这些技术还能帮助学生随时随地进行学习，打破时间和空间的限制。再次，结合体育实践活动是体育课程思政教育的独特优势。体育不仅仅是锻炼身体，更是一种精神的磨砺。通过参与体育活动，学生可以亲身体验到团队合作、坚持不懈、勇往直前的精神，这些都是思政教育的重要内容。因此，教育者应该充分利用体育实践活动的机会，让学生在汗水中收获成长。最后，关注学生的个体差异，因材施教是提升教育效果的关键。每个学生都是独一无二的，他们的学习方式、速度和兴趣点都有所不同。因此，教育者需要细心观察每个学生，了解他们的需求和特点，然后制定个性化的教学方案，确保每位学生都能在体育课程中获得思政教育的熏陶。

综上所述，为实现体育课程思想政治教育的目标，教育者需要不断创新教育方式和手段，提升教学效果，培养出全面发展、有社会责任感的新一代青年。

二、体育课程思想政治教育过程的环节

（一）课堂管理与氛围营造

严格的课堂管理是确保教学活动顺利进行的基础。在体育课程中，教师的作用远超越技艺传授的范畴，他们是塑造学生品格、锤炼学生意志的重要引领者。通过严谨而精细的课堂管理，他们不仅维护了教学秩序，更在深层次上培育了学生的自律性和责任感。队列训练和纪律要求不仅是简单的身体操练，更是一种心灵的淬炼。在这些日常的训练中，学生们学会了如何在集体中找到自己的位置，如何在规则中寻求自由，如何在纪律中培养自律。例如，每次课前进行 5 分钟的队列训练，可以强化学生的纪律意识和提升听从指挥的能力。明确规定课堂中的行为准则，如准时到达、穿着合适的运动装备等，这些看似简单的规则，实则是在培育学生的纪律性责任感以及自律精神。

此外，教师们还可以通过营造积极向上的课堂氛围，将思政教育有机融入学生们的每

一次跃动与奔跑之中。真正的教育不仅在于言传，更在于身教。例如，在学习新技能的过程中，尤其具备一定难度动作时，如背越式跳高，教师不仅需要讲解动作要领，还需要身体力行，示范到位。同时，注意鼓励学生勇于尝试，不怕失败，从中培养他们的拼搏精神和实践能力。因此，在一个充满活力的课堂上，每一次冲刺、每一次配合、每一次胜利与失败，都成为了思政教育的生动教材。学生们在这里不仅锻炼了身体，更在无形中接受了关于团结、拼搏、坚韧不拔等价值观的熏陶。这样的体育课程，已经超越了传统意义上的身体锻炼，它更是一种全人教育的体现。教师们以高超的教育智慧，将课堂变成了一个充满挑战与机遇的世界，使学生们在汗水中成长，在挑战中超越，真正实现了身心并重、全面发展的教育目标。这不仅是对传统体育课程的革新，更是对教育理念的深刻诠释和提升。

（二）内容选择与思政元素融合

在体育课程中，思想政治教育与体育教学内容之间的融合，需要一番匠心独运的挑选与设计。这不仅是简单地选取与体育项目相关的思政元素，如团队精神、坚持不懈和公平竞争等核心价值观，更要求将这些深邃的理念如盐溶于水般巧妙地融入体育教学的每一个环节中。

在选择与体育项目相关的思政元素时，应考虑到思政元素与体育课程内容的契合度。例如，在足球教学中，可以强调团队精神、协作与沟通能力；在长跑训练中，可以着重培养学生的毅力与坚持不懈的精神；在篮球比赛中，则可以引导学生理解公平竞争与尊重对手的重要性。可以通过模拟真实的体育比赛场景，让学生在实践中体验并领悟思政元素。例如，在篮球教学中，可以设置团队协作的实战演练，让学生在比赛中学会相互配合，理解团队精神的重要性。此外，体育教师作为学生在体育课程中的引导者，应通过自身的言行来传递思政元素。例如，在训练过程中，教师可以亲自示范如何面对困难、坚持不懈，以此来激励学生。

总之，将思想政治教育与体育课程巧妙的融合，不仅让体育课程更加丰富多彩，也让学生在潜移默化中接受了深刻的思政教育。通过精心选择与体育课程内容相融合的思政元素，并自然地融入到体育教学中，我们可以为学生创造一个更加全面、丰富的学习环境。

（三）实践体验与反思内化

学生通过参与体育活动，在亲身体验和实践思政元素后，教师引导学生进行反思，让学生深刻理解并内化这些思政内容。

在充满活力的体育活动中，学生们热情洋溢地参与其中，他们不仅是在享受运动的乐趣，更是在亲身体验和实践着思政教育的丰富内涵。体育活动与思政元素紧密相连，这种融合不仅锻炼了学生的体魄，更在潜移默化中塑造了他们的品格。在运动中，他们学会了坚持与毅力，感受到了责任与担当。身体上的疲惫与心理上的满足交织在一起，构成了他们独特的成长记忆。而当运动结束，教师们便扮演着引导者的角色，带领学生们进入反思的环节。这不仅是一个回顾过程，更是一个深入理解并内化思政内容的关键时刻。学生们在反思中审视自己在运动中的表现，思考如何更好地将团队精神、拼搏精神等思政元素融入到日常行为中。通过这样的反思，思政内容不再是空洞的口号，而是变成了学生们内心深处的坚定信念。反思对个人成长和思政教育的影响是深远的。它让学生们更加明确自己的价值观和目标，也让他们在未来的道路上更加坚定地走好每一步。每一次体育活动，都是一次生动的思政教育课，而每一次反思，都是学生们成长的见证。

（四）课终小结与客观评价

在体育课程结束时，教师进行课终小结并对学生的表现进行评价，这一环节具有多重意义。它不仅是对学生技能掌握情况的一次全面审视，同时也是对思政教育融入体育教学效果的一次重要检验。

首先，课终小结提供了学生技能学习成果的直接反馈。在体育课程中，学生需要掌握各种技能和动作要领。通过小结，教师可以针对每位学生的技能表现给予具体、细致的反馈。这种反馈有助于学生了解自己的技能水平，明确自己在哪些方面做得好，哪些方面仍有待提高。对于技能掌握较好的学生，教师的肯定和表扬能够进一步增强他们的自信心和学习动力；而对于技能掌握不够熟练的学生，教师的指导和建议则能帮助他们更快地找到提升方向。其次，课终小结也是对思政教育效果的检验。在现代教育中，思政教育的重要性日益凸显。体育课程作为学校教育的重要组成部分，同样承担着培养学生良好思品品质的责任。通过小结，教师可以观察学生在课程中是否体现出了团结协作、拼搏进取、遵守规则等思政元素。例如，在团队项目中，学生是否能够积极与他人合作，共同完成任务；在竞技项目中，学生是否能够勇敢面对挑战，坚持不懈地追求目标。这些表现都是思政教育效果的直接体现，对于在技能和思政品质方面都表现出色的学生，教师应给予充分的肯定和赞扬。在课终小结中，教师通过表扬优秀表现来激励学生，这种正面的激励能够增强学生的自豪感和归属感，促使他们继续保持良好的学习态度和思政品质。同时，通过树立榜样，还能激发其他学生的上进心和竞争意识，形成积极向上的学习氛围。此外，课终小结也是指出学生不足并引导其改进的重要环节。对于在技能或思政品质方面存在不足的学生，教师应以建设性的态度指出问题所在，并提供具体的改进建议。例如，针对技能掌握不够熟练的学生，教师可以提供一些额外的练习方法和技巧；针对在团队协作中表现欠佳的学生，教师可以引导他们反思自己的行为，并教授一些沟通技巧和合作策略。通过这些具体的指导和帮助，学生能够更好地认识自己的不足并付诸实践进行改进。

综上所述，体育课程结束时的小结对学生的技能学习和思政教育都具有重要意义。通过这一环节，教师不仅能够全面了解学生的表现并给予及时反馈，还能激励学生继续努力，引导他们不断改进自己。因此，每位体育教师都应充分认识到课终小结的重要性，并切实做好这一工作。

（五）延伸教育与日常行为相结合

在体育课程中，学生不仅学习运动技能和提升身体素质，更重要的是，他们也在潜移默化中接受着思政教育。这种教育并非空洞的说教，而是通过体育活动，特别是体育竞赛，让学生在实践中亲身体验和感悟。当学生在体育课程中理解了公平竞争和团队合作精神的重要性后，教师更应该鼓励他们将这些思政知识应用到日常生活中，实现知行合一。

在体育课程中实现知行合一，关键在于将理论知识与实践活动紧密结合，让学生在亲身体验中深化对知识的理解和运用。例如，在体育竞赛中，学生们学会了如何在规则框架内公平竞争，如何与队友沟通协作以达成共同目标。这些经验不仅对他们在赛场上的表现至关重要，同样也对他们未来的生活和职业发展有着深远影响。因此，我们可以引导学生将这些原则内化为自己日常的行为准则，在生活中也要遵循公平竞争和团队合作的精神。具体来说，我们可以设置一些情境让学生思考并讨论如何在日常生活中运用这些原则。比如，在学习或工作中遇到竞争时，如何保持公平正当的竞争态度，不通过不正当手段获取优势；在团队合作项目中，如何发挥自己的作用，积极与团队成员沟通协调，共同完成任务。通过正向的引导和实践，学生们不仅能够形成良好的道德品质，如诚实、公正、团结、协作等，还能培养出强烈的社会责任感。他们会意识到，个人的行为不仅影响到自己，也关系到整个团队和社会的和谐与进步。

综上所述，鼓励学生将体育课程中学到的思政知识应用到日常生活中，不仅能够帮助他们形成良好的道德品质，还能提升他们的社会责任感。这样的教育才是真正有意义且持久的，因为它将知识与实践紧密结合，实现了知行合一的教育目标。

体育课程思想政治教育过程包括课堂管理与氛围营造、内容选择与思政元素融合、实践体验与反思内化、课终小结与客观评价以及延伸教育与日常行为结合等环节。这些环节相互关联、相互促进，共同构成了一个完整的体育课程思想政治教育体系。任何一个环节出现问题，都会阻碍体育课程思想政治教育目标的实现，从而影响教育质量。因此，教育者必须高度关注每一环节的顺畅运作，并洞察各环节间的内在联系，这样才能确保体育课程思想政治教育稳步前行，实现持续进步。

三、体育课程思想政治教育过程的主要场景

（一）日常体育教学课程

在日常的体育课程中，教师可以通过讲解体育技能、规则和体育精神的同时，融入思政教育元素。例如，在教授篮球、足球等团队运动时，强调团队协作、公平竞争和遵守规则的重要性，从而培养学生的团队精神和公平竞争意识。

（二）特色体育课程

部分学校开设的特色体育课程，如啦啦操、武术等，不仅传授技能，更注重通过课程培养学生的爱国情怀、自信心和集体荣誉感。例如，在啦啦操课程中，通过选取爱国主题音乐作为伴奏，让学生在舞动中感受国家的荣耀与自豪。

（三）校园体育活动与比赛

校园内的各类体育活动和比赛也是体育课程思政教育的延伸。在这些活动中，教师可以通过组织、指导和点评，引导学生体验成功与失败，学习如何面对挫折，培养坚韧不拔的意志品质。

（四）社会实践与志愿服务

体育课程思政教育还可以与社会实践和志愿服务相结合。例如，组织学生参与社区体育活动，为社区居民提供体育指导，培养学生的社会责任感和奉献精神。

（五）主题教育活动

学校可以定期举办以思政教育为主题的体育活动，如"红色运动会"等，通过模拟红军长征等历史事件中的体育活动，让学生在运动中学习革命精神，传承红色基因。

（六）线上体育教学

在数字化时代背景下，体育课程思政教育也可以利用线上平台进行。教师可以通过网络平台发布融入思政元素的体育教学视频，引导学生在线学习和讨论，拓宽思政教育的渠道和形式。

这些应用场景都体现了体育课程思想政治教育过程的实践性和多样性，旨在通过体育活动这一载体，有效地传递思政教育的核心价值观，促进学生的全面发展。

第二节　体育课程思想政治教育过程的特点

一、融合性

体育课程思政是以运动实践为根本表达形式，将思想政治教育元素如思政教育的价值理念、理论知识与精神追求贯穿于体育课程中，在享受乐趣与增强体质中去健全人格和锤炼意志，体现在育德于体，并潜移默化、润物无声地引导学生正确的思想与行为，达到强体、育心、立德的教育目标。[1] 因此，体育课程思想政治教育过程的本质是体育课程与思想政治教育两者的目标统一、相互渗透、逐层递进与协同配合的有机融合。

体育课程思政在教学实践中的推进落实很大程度上取决于体育课程与思政课程耦合的稳定程度。[2] 体育课程思想政治教育注重将思政元素巧妙地融入体育教学中。这种融入不是简单的叠加，而是要与体育专业知识教育过程进行有机结合。将思政元素与体育教学相

---

[1] 高晓峰：《体育课程思政的历史传承、理论内涵与实践路径》，《北京体育大学学报》2022年第45期。

[2] 柴立森，张锐：《价值耦合：体育课程思政的学理内蕴与实践路径的研究》，《北京体育大学学报》2022年第45期。

结合，不仅可以增强学生的身体素质，还能在潜移默化中培养学生的道德品质和社会责任感。在介绍体育技能、规则或历史事件时，可以同时传递相关的思政内容。这种融入性使思政教育更为自然和易于接受。这种融入不是简单的"1+1"叠加，而是要实现思政教育与体育教学的有机融合。在介绍体育技能时，教师可以引导学生理解团队协作的重要性，例如在篮球、足球等团队运动中，每个队员的角色和配合是取得胜利的关键。这不仅能提升学生的运动技能，还能培养他们的团队精神和协作能力。同时，在介绍体育规则时，教师可以强调公平竞争和遵守规则的重要性。体育竞赛中的公平竞争精神，可以延伸到社会生活的各个方面，教导学生在未来的生活和工作中也要秉持这种精神，尊重规则，尊重对手。此外，在讲述与体育相关的历史事件时，可以结合历史人物坚持不懈、勇往直前的精神，激励学生面对困难和挑战时不轻言放弃，培养他们的坚韧品质和毅力。

总的来说，体育课程中的思想政治教育是一种寓教于乐的教育方式，它使思政教育更为自然、生动和易于接受。通过这种方式，学生不仅能在体育锻炼中提升身体素质，还能在无形中接受到深刻的思政教育，实现身心健康的全面发展。

二、实践性

立德是体育课程思政建设的重要内涵，立德借助体育课程这一重要载体，寓德于体育课，既寓德于体育课程内容，更寓德于体育教师课程教学全过程。❶ 与其他课程有较大的区别，体育课程更为强调身体实践的直观体验。❷ 体育课程中，无论体育教师的教还是学生的学，无不是在身体践行特定形式的运动实践活动中展开的。因此，体育课程思想政治教育过程的又一特点是实践性。体育课程本身就具有实践性强的特点，而思政教育也在这一过程中得到了体现。通过参与体育活动，学生能够在实践中亲身体验和感悟思政元素。这种实践性使思政教育更加生动和有效，有助于学生将理论知识转化为实际行动。

体育课程的实践性特点为思政教育的实施提供了得天独厚的条件。在体育活动中，学生不仅锻炼身体，更能在实践中深刻体验和感悟到合作、竞争、挑战自我等思政元素。以合作为例，许多体育项目，如篮球、足球、排球等，都需要团队成员之间的紧密合作才能达到最佳效果。学生在参与这些体育活动的过程中，会自然而然地学会如何与他人沟通、

❶ 刘纯献，刘盼盼：《体育课程思政的内容、特点、难点与价值引领》，《体育学刊》2021年第28期。

❷ 王帆，杨雪芹，牟少华，等：《生命安全诉求下学校体育运动教育的价值》，《体育学刊》2012年第19期。

协调和配合，从而在实践中深刻理解到合作的重要性。同时，体育活动中的竞争元素也让学生学会了如何面对挑战和压力。在竞赛中，学生需要不断调整自己的心态和策略，以应对各种变化。这种经历不仅能提升学生的竞技水平，还能培养他们的应变能力和竞争意识。更重要的是，体育活动为学生提供了一个挑战自我、超越自我的平台。在挑战体能极限的过程中，学生需要克服自身的恐惧和惰性，不断突破自己的舒适圈。这种经历对于培养学生的毅力、勇气和自信心至关重要。

因此，体育课程的实践性使思政教育更加生动、具体和有效。学生在亲身体验中，不仅将理论知识转化为实际行动，更能在这一过程中实现自我成长和提升。这种教育方式远比单纯的理论灌输更为深刻和持久，有助于学生在未来的生活和工作中更好地应对各种挑战。

三、全程性

体育课程思想政治教育贯穿于体育教学的全过程，因此，全程性也是体育课程思想政治教育过程的显著特点。从课程设计、教学准备到课堂教学、课后反思，每一个环节都体现着思想政治教育的理念。这种全程性的思政教育不仅保证了教育的连续性和完整性，而且使学生在体育学习的每一个环节都能接受到正确价值观的熏陶和良好品德的培养。

习近平总书记在全国高校思想政治工作会议上讲话强调，"要坚持把立德树人作为中心环节，把思想政治工作贯穿教育教学全过程，实现全程育人、全方位育人，努力开创我国高等教育事业发展新局面。"❶ 体育教师作为体育课堂授课过程中的主导者，要充分发挥自身在课堂授课中的组织领导作用，通过系统设计、精心编排将思政元素融入课堂教学全过程，体现体育的隐性德育价值。❷ 在课程设计阶段，教师就已经开始将思政教育的目标和内容融入体育课程中。他们会根据课程的特点和学生的实际情况，选择合适的思政元素，如团队精神、坚持不懈、公平竞争等，作为课程的重要组成部分。在教学准备阶段，教师会进一步细化思政教育的实施策略。他们可能会设计特定的教学活动或游戏，让学生在参与过程中自然而然地体验和感悟到这些思政元素。到了课堂教学阶段，教师会通过各种教

---

❶ 来源于中华人民共和国教育部在 2016 年 12 月 8 日发布的《习近平在全国高校思想政治工作会议上强调　把思想政治工作贯穿教育教学全过程　开创我国高等教育事业发展新局面》。

❷ 姜卫芬，刘文烁：《新时代推进体育课程思政改革的理论认知与实践路径》，《天津体育学院学报》2021 年第 36 期。

学方法和手段，将思政教育的内容融入体育教学中。课后反思阶段也是思政教育的重要环节。教师会引导学生回顾和反思课堂上的体验和学习成果，进一步巩固和深化他们对思政元素的理解和认同。同时，教师也会根据学生的反馈和表现，不断调整和优化思政教育的策略和方法。

这种全程性的思政教育不仅有助于学生在体育课程中实现技能的提升和身体的锻炼，更重要的是，它能够在潜移默化中影响学生的价值观念和道德品质，为他们的全面发展打下坚实的基础。

四、多样性

运动项目是体育课程思想政治教育的载体，由于每个项目特点不同、属性不同，这就决定了每个运动项目的思政元素、挖掘方式、践行路径的不同，导致课程思政效果的评价内容、评价方法和评价主体也不同。❶ 因此，体育课程思想政治教育的内容、方式和手段都具有鲜明的多样性。

体育课程中的思想政治教育是一项重要任务，旨在通过体育活动培养学生的团队协作精神、竞争意识、自律能力以及积极向上的生活态度，其内容、方式和手段的多样性不仅丰富了教学过程，还提高了学生的参与度和学习兴趣。首先，体育课程思想政治教育内容具有多样性。教师可以通过组织各种活动，丰富教育内容的多样性，提升学生各方面的能力与素质。教师可以通过组织团队活动，让学生体会团队协作的重要性，培养他们的集体荣誉感；可以通过组织各种比赛，让学生在竞争中锻炼自己，学会面对挑战，培养学生的竞争意识；体育活动需要学生遵守规则，自觉遵守纪律，教师可以通过强调规则意识，培养学生的自律能力；体育活动中的挑战和困难，也可以帮助学生培养积极向上的生活态度，让他们在面对挫折时能够保持乐观和坚强。其次，体育课程思想政治教育的方式和手段具有多样性，教师可以通过以下形式来传递思政内容：教师可以通过讲解体育项目的历史背景、文化内涵等，引导学生理解体育精神，激发他们的爱国情怀；教师可以通过示范正确的技术动作和体育道德行为，为学生树立良好的榜样，通过反复练习，学生可以亲身体验到团队协作、自律等思政元素在实际行动中的体现；教师可以通过组织比赛，让学生在实践中感受竞争与合作，培养他们的集体荣誉感和竞争意识。此外，结合不同的体育项

---

❶ 胡德平：《体育课程思政的理论内涵、内容体系与建设路径》，《武汉体育学院学报》2022年第56期。

目，教师可以强调不同的思政元素。例如，在力量、速度、耐力等体育素质的训练中，教师可以着重培养学生的坚韧不拔、勇往直前的品质。这些品质对于学生未来的生活和职业发展都具有重要意义。

综上所述，体育课程思想政治教育的多样性为思政教育注入了新的活力，使思政教育更加丰富和有趣。这种教育方式不仅能够培养学生的团队协作精神、竞争意识、自律能力和积极向上的生活态度，还能够提高他们的身体素质和心理素质，为他们的全面发展奠定坚实基础。

总之，体育课程思想政治教育过程具有融合性、实践性、全程性和多样性的特点。深入理解并合理运用这些特点，使他们在学习体育技能的同时，也能够受到深刻而有效的思政教育。

第三节　体育课程思想政治教育过程的规律

规律是事物发展过程中的本质联系和必然趋势。体育课程思想政治教育过程的规律是指体育课程思想政治教育过程各要素之间的本质联系及其矛盾运动的必然趋势。研究体育课程思想政治教育过程的规律，核心在于深入探究该过程中各要素之间的联系以及它们相互作用的趋势。通过揭示这些规律，我们可以更好地理解体育课程思想政治教育的本质和要求，从而优化教学过程、提高教学效果。根据对体育课程思想政治教育过程规律的这一理解，本节从以下三个方面对体育课程思想政治教育过程的规律展开论述。

一、教育要求与教育对象思想品德发展之间保持适度张力

在体育课程中，教育要求与受教育者的思想品德之间需要保持一种动态平衡的关系。这种平衡体现在教育要求既要适应受教育者的当前思想品德状况，又要具有一定的挑战性，以促使其思想品德的提升。这种适度张力的规律是对体育课程思想政治教育过程基本矛盾的反映，揭示了教育过程中教育要求和受教育者思想品德发展之间的本质联系。

首先，教育要求必须适应受教育者的当前思想品德状况。这是因为每个受教育者的成长环境、个性特点和认知水平都不尽相同，因此他们的思想品德状况也会有所差异。如

果教育要求过高或过低，都可能导致受教育者的学习兴趣和积极性受挫，甚至产生逆反心理。因此，教育者需要深入了解受教育者的实际情况，制定符合其当前思想品德状况的教育要求。其次，教育要求还应具有一定的挑战性。这种挑战性体现在教育要求要略高于受教育者当前的水平，以激发其求知欲和探索精神。如果教育要求过于简单，受教育者可能会失去进步的动力，而适度的挑战则能促使其不断突破自我，实现思想品德的提升。在思想政治教育中，社会所要求的思想品德规范与受教育者的实际思想品德水平之间往往存在一定的差距。这种差距正是教育过程中需要解决的问题，也是推动受教育者思想品德发展的动力。适度张力的规律揭示了这一基本矛盾，并指出了解决矛盾的关键在于找到教育要求与受教育者实际水平之间的平衡点。

综上所述，适度张力的规律揭示了教育过程中教育要求和受教育者思想品德发展之间的本质联系。它要求教育者在制定教育要求时既要考虑受教育者的当前水平，设定的目标又要具有一定挑战性，以实现教育过程的优化和受教育者思想品德的全面提升。

二、体育课程教育与教育对象自我教育相统一

在体育课程的思想政治教育过程中，教育者的教育活动与受教育者的自我教育活动是相互联系、相互作用的。教育者通过组织体育活动、传授体育技能和知识，引导受教育者进行自我教育，提升其思想品德水平。

在体育课程的思想政治教育过程中，教育者的教育活动与受教育者的自我教育活动紧密相连，二者相辅相成，共同推动着受教育者的全面发展。教育者精心设计和组织各种体育活动，这些活动不仅锻炼了受教育者的身体，更重要的是在其中融入了思想政治教育元素，如团队合作、公平竞争、坚持不懈等精神。教育者通过专业的教学，向受教育者传授体育技能和知识。在这个过程中，教育者不仅注重技能的训练，还强调技能学习中蕴含的思政价值，如自律、自强等品质的培养。在教育者的引导下，受教育者积极参与到体育活动中，通过实践来体验和感悟其中蕴含的思政元素。他们在活动中进行自我反思和自我教育，从而提升自身的思想品德水平。这种自我教育活动是主动的、自觉的，是受教育者内心深处的变化和成长。教育者的教育活动与受教育者的自我教育活动是相互联系的。教育者的引导和组织为受教育者的自我教育提供了平台和方向；而受教育者的积极参与和反馈，又影响着教育者的教学内容和方法。在教育过程中，教育者与受教育者呈现出积极的互动趋势。教育者通过不断调整和优化教学活动，以适应受教育者的需求和特点；而受教

育者则在教育者的引导下，逐渐提升自我教育的意识和能力。

综上所述，体育课程的思想政治教育过程中，教育者的课程教育与教育对象的自我教育是相统一的。这一规律揭示了二者之间的联系及其互动趋势，这种互动趋势有助于增强教学效果，促进受教育者的全面发展，为优化体育课程的思想政治教育提供了有益的启示。

三、教育者自觉影响与社会自发影响协同发挥作用

在体育课程的思想政治教育过程中，存在着多种影响因素，包括教育者所施加的自觉影响以及社会环境的自发影响。这些影响因素需要被有效地协调和控制，以使其同向发挥作用，共同促进受教育者思想品德的提升。这一规律体现了思想政治教育过程中各要素的协同作用。

首先，教育者通过体育课程传授的不仅仅是运动技能，更重要的是通过运动活动培养学生的团队合作精神、公平竞争意识和坚韧不拔的品质。教育者所施加的自觉影响，旨在引导学生形成积极向上的价值观和人生观。这一过程中，教育者需要精心设计教学内容和方法，以确保所传达的思想政治教育信息能够深入人心。然而，社会环境的自发影响也是不容忽视的。社会环境中的媒体宣传、社会舆论以及日常生活中的各种现象，都会对学生的思想品德产生影响。这些影响可能是正面的，也可能是负面的。因此，教育者需要密切关注社会环境的变化，及时引导学生正确看待和处理这些影响。为了使这些影响因素同向发挥作用，教育者需要采取一系列协调和控制措施。例如，可以通过案例分析等方式，帮助学生识别并抵制社会环境中的负面影响，同时强化正面影响。

总的来说，体育课程思想政治教育过程中的协同作用体现在教育者自觉影响与社会环境自发影响的相互配合上。通过教育者的协调和控制，这些影响因素可以共同促进受教育者思想品德的提升，实现思想政治教育的目标。这一规律不仅适用于体育课程，也适用于其他形式的思想政治教育活动。

四、显性教育与隐性教育相结合

在体育课程中，思想政治教育既可以通过显性的方式直接传授给学生，如讲解、示范等；也可以通过隐性的方式潜移默化地影响学生，如通过体育活动的设计和组织来培养学生的团队合作精神和责任感。这种显性教育与隐性教育相结合的方式能够更有效地实现思

政教育的目标。

在体育课程中，思想政治教育的实施方式是多样且富有创意的。显性教育与隐性教育的结合，不仅丰富了教学手段，还提高了思政教育的效果。显性教育主要通过直接、明确的方式向学生传授思政知识。例如，通过讲解和示范，教育者可以直接向学生阐述社会主义核心价值观、体育精神等重要概念。这种方式具有明确性和针对性，能够迅速、准确地传达教育信息，帮助学生建立正确的思政观念。然而，思政教育并非仅限于课堂讲解。隐性教育通过潜移默化的方式来影响学生，如在体育活动中融入思政教育元素，使学生在实践中亲身体验和领悟思政教育的内涵，从而达到润物细无声的教育效果。

显性教育与隐性教育的结合，使思政教育在体育课程中更加生动、有趣且深入人心。这种教育方式不仅直接明确地传授了思政知识，还促进了学生对思政知识的理解和内化，提高了学生的学习兴趣。因此，这种结合方式能够更有效地实现思政教育的目标，培养出既具备专业技能又具有良好思政品质的优秀人才。

第五章

体育课程思想政治教育的主体

第一节　体育课程思想政治教育者——体育教师

在教学过程中，教师处于领导者、组织者和教育者的地位，是课程思政建设的"主力军"。[1] 作为体育课程中的教育者，体育教师在体育课程中起着至关重要的作用，他们不仅负责传授体育技能和知识，还肩负着立德树人的使命，是实施体育课程思政的关键。在体育课程中，体育教师通过价值引领、教学设计、学情分析等手段，将思想政治教育融入体育教学实践中，从而增强学生的思想道德素质和人文精神。本节从特征、职能以及素质三个方面对体育课程思想政治教育者——体育教师进行阐释。

一、体育课程思想政治教育者的特征

教师是推进课程思政工作中最能动的因素，[2] 体育教师作为体育课程思想政治教育的直接实施者，具有以下特征。

（一）技能传授与灵魂塑造兼备

体育教师不仅是体育技能的传授者，更是学生心灵的引路人，他们担当着塑造学生品格的重任。凭借深厚的体育专业素养与精湛的技艺，他们能够将复杂的运动技能以深入浅出的方式娓娓道来，每一次动作示范都行云流水，既标准又充满力量与美感。体育教师不仅满足于技能的传授，更致力于教育的深化。他们匠心独运地将技能知识与思想政治教育交融在一起，使体育课程跳脱出单纯体能训练的框架，升华为一场兼顾身体与心灵的全方位学习。

在体育教师们的悉心引导下，学生们挥洒汗水，不仅锻造了强健的体魄，更在无数次的挑战与自我突破中，磨炼了钢铁般的意志，塑造了坚韧不拔的精神风貌。每一次跑道上

---

[1] 章翔，周刘华，余佳萍，等：《新时代高校公共体育课程思政的目标任务、价值意蕴、建设模式与实践要旨》，《天津体育学院学报》2023年第38期。

[2] 高鹏，代小丽：《"大思政"格局下高等体育院校课程思政的思考与探索——以北京体育大学为例》，《北京体育大学学报》2022年第45期。

的奋力冲刺，每一次球场上的跃起扣杀，不仅是对体能的极限挑战，更是对内心世界的深刻探索和自我的不断超越。这样的体育课程，不仅让学生们深切感受到运动带来的酣畅淋漓，更在无声无息中指引他们踏上了一条更加全面、和谐的发展之路。学生们学到的不仅仅是运动技能，还包括如何面对挑战、如何坚持不懈、如何与他人合作与竞争。体育教师们深知，运动场上的每一次较量，都是学生们未来人生道路上可能遇到的困境和挑战的缩影。因此，他们不仅教导学生们如何在运动中取胜，更教会他们如何在生活中保持积极向上的态度，如何在挫败面前不言败，如何在成功之后保持谦逊。这些宝贵的品质，将伴随学生们走过校园，进入社会，成为他们人生中不可或缺的财富。体育教师的教诲，如同一盏明灯，照亮学生们前行的道路，引领他们在风雨兼程的人生旅途中，始终保持坚定的信念和无畏的精神。而这，也正是体育课程思想政治教育的真正意义所在——不仅塑造健康的体魄，更雕刻出坚韧的灵魂。

（二）身体力行的榜样引领性

体育教师通过自己的言行和体育实践，无形中向学生传递积极向上的价值观和态度，成为学生学习和模仿的榜样。首先，体育教师会以身作则，展现出对体育的热爱和对健康的追求。他们通过日常的锻炼和训练，保持着良好的身体素质和精神状态，这种积极健康的生活态度会对学生产生深远的影响。当学生看到教师如此重视身体健康和体育锻炼时，他们也会逐渐认识到运动的重要性，并模仿教师的行为，积极参与到体育活动中去。其次，体育教师在教学过程中始终保持着耐心和热情。他们不仅关注学生的技能提升，更注重培养学生的意志品质和团队合作精神。在面对学生的困难和挫折时，体育教师会给予积极的鼓励和支持，帮助学生建立自信心和提升解决问题的能力。这种正能量的传递，会让学生感受到教师的关怀和支持，从而更加努力地投入学习和训练中。再次，体育教师在组织体育活动和比赛时，始终强调公平竞争和尊重规则的重要性。他们通过自己的言行和实践，让学生明白只有遵守规则、尊重对手，才能赢得真正的胜利和尊重。这种价值观的传递，不仅有助于培养学生的竞技精神，更有助于塑造他们正直、公正的人格品质。最后，体育教师还通过自己的专业知识和实践经验，为学生提供科学的锻炼方法和健康的生活方式指导。他们不仅关注学生的当前发展和课堂教学，更着眼于学生的未来健康和生活质量。这种负责任的态度和专业的指导，会让学生更加信任和尊重教师，从而更加主动地学习和模仿教师的言行。

综上所述，体育教师通过自己的言行和体育实践，无形中向学生传递了积极向上的价值观和态度，成为学生学习和模仿的榜样。这种榜样的力量是无穷的，它将激励着学生在人生的道路上不断前行、追求卓越。

（三）教育教学能力的全面性

体育教师作为体育课程思想政治教育的直接实施者，其角色远超过简单的技能传授。他们不仅需要具备扎实的体育专业知识，还需拥有全面的教育教学能力，以确保在传授运动技能的同时，有效地融入思想政治教育。

首先，体育教师需要拥有优秀的教学设计能力。这包括根据学生的年龄、性别、体质等差异，制订合适的教学计划和课程内容。他们应能够设计出既符合体育教学规律，又能激发学生兴趣的教学活动，确保每位学生都能在课程中找到自己的位置，积极参与。其次，良好的课堂管理能力也是体育教师必备的技能。一个有序、安全的课堂环境，是学生学习和成长的基础。体育教师需要能够有效地组织课堂，确保教学活动顺利进行。这包括对学生的纪律管理、安全措施的落实，以及应急情况的处理等。再次，体育教师需要具备高超的教学技巧。他们应能够运用多样化的教学方法和手段，如讲解、示范、练习、反馈等，以帮助学生更好地理解和掌握运动技能。同时，他们还应注重培养学生的自主学习能力和创新思维，鼓励学生在体育学习中不断探索和进步。此外，体育教师还需具备深厚的思想政治教育素养。他们应能够将思想政治教育巧妙地融入体育教学中，通过体育活动培养学生的团队合作精神、集体荣誉感、公平竞争意识等。这不仅需要教师对思想政治教育有深刻的理解，还需要他们具备敏锐的洞察力和灵活的教学策略。最后，体育教师还应具备良好的沟通能力和心理辅导能力。他们需要能够与学生建立良好的师生关系，了解学生的心理需求和困惑，提供及时的指导和帮助。这不仅有助于提高学生的学习效果，还能促进学生的身心健康发展。

综上所述，体育教师作为体育课程思想政治教育的直接实施者，需要具备全面的教育教学能力。这不仅包括专业教学技能，还包括思想政治教育素养、沟通能力和心理辅导能力等。只有具备这些能力的体育教师，才能真正做到既教书又育人，为学生的全面发展奠定坚实的基础。

（四）思政教育意识的敏感性

体育教师作为塑造学生身心健康的重要角色，不仅应传授体育技能，更应肩负起思政教育的重任。因此，体育教师应具备思政教育意识的敏感性，深刻理解自身在思政教育中的重要责任。

体育教师应善于从体育项目中挖掘思政教育资源。在日常教学中，体育教师应有意识地融入思政元素，这不仅是教学任务的要求，更是对学生全面发展的负责。同时，体育教师还要通过自身言行，成为学生的楷模。公平公正的裁判态度、严谨认真的教学风格，都是对学生进行思政教育的生动教材。教师还应关注学生的心理需求，及时提供心理辅导，帮助学生建立正确的人生观和价值观。此外，体育教师还应树立终身学习的观念，以便更好地将思政教育融入日常教学中。通过参加培训、研讨，与同行交流经验，教师可以不断丰富自己的教学手段和内容，使思政教育更加生动有趣、贴近学生实际。体育教师应当不断更新思政教育的理论知识和积极进行实践，了解当前社会的核心价值观和道德标准。通过关注国家大事、了解国家政策和社会热点问题，体育教师可以更好地理解社会主义核心价值观的实际应用，从而在教学中引导学生形成正确的世界观、人生观和价值观。

综上所述，体育教师在思政教育中扮演着举足轻重的角色。只有深刻理解自己的责任，有意识地将思政元素融入教学，才能真正培养出既有体育技能、又有社会责任感和集体荣誉感的学生，为社会的和谐发展贡献力量。

（五）良好的心理稳定性

体育课程思想政治教育对体育教师提出了多方面的挑战，包括教育观念的转变、教材内容的更新与拓展、教学方法的创新与调整、思政理论素养的提升以及评价体系的改革等。面对教学中的各种挑战，体育教师应保持稳定的心理状态并有效地控制情绪，这对于确保教学质量和师生关系的和谐至关重要。

体育教师应注重培养自身的心理素质，学会在面对挑战和压力时保持冷静和理性。通过参加心理辅导培训、学习压力管理技巧等方式，提升自己的心理承受能力和自我调控能力。当遇到教学难题或学生问题时，能够迅速调整心态，保持平和的情绪。设定明确、合理的教学期望和目标也有助于体育教师保持积极的心态。教师应根据学生的实际情况和教学大纲要求，制订切实可行的教学计划，并在教学过程中灵活调整。避免因抱有过高或过低的期望而导致教学压力增大或教学动力不足。良好的师生关系是保持教学和谐的关键，体育教师应积极与学生沟通，了解他们的需求和困惑，并及时给予指导和帮助。通过有效的互动，增进师生之间的信任和理解，从而降低教学过程中的摩擦和冲突。体育教师可以学习并运用一些情绪管理技巧，如深呼吸、冥想等，以帮助自己在教学过程中保持稳定的情绪状态。当遇到令人不快的事情时，先冷静下来，再进行理性分析，避免因情绪波动而影响教学质量。当体育教师感到压力过大或情绪难以控制时，可以寻求同事、领导或专业心理咨询师的支持和帮助。通过倾诉和咨询，找到解决问题的方法，缓解心理压力，保持良好的心理状态。

综上所述，体育教师在面对教学中的挑战时，应通过增强心理素质、设定合理期望、加强师生互动、运用情绪管理技巧以及寻求专业帮助等方式来保持稳定的心理状态并有效控制情绪。这样不仅能确保教学质量，还能促进师生关系的和谐发展。

（六）突发情况应对的灵活性

在体育教学中，体育教师可能会遇到各种突发情况，如学生的恶作剧、矛盾冲突、教师自身的失误、课外干扰、学生的运动损伤以及突发的天气变化等。为了确保学生的安全和教学的顺利进行，体育教师需要具备迅速做出反应和灵活应对的能力。

遇到突发情况时，体育教师首先要保持沉着冷静，不惊慌失措。这是迅速做出正确反应的前提。根据不同的情况，教师需要随机应变，采取适当的措施。例如，在处理学生间的矛盾冲突时，可以先平复学生的激动情绪，再问明原因，课后妥善处理。学生的安全是首要考虑的因素。在遇到突发情况时，体育教师要迅速判断是否存在安全隐患，并采取措施确保学生的安全。例如，在学生受伤时，教师应立即采取正确的处理方法，并送往医务室或医院处理。同时，对于其他可能存在的安全风险，如天气突变，教师需要迅速组织学生转移到安全地点。突发情况可能会导致原定的教学计划无法顺利进行，在这种情况下，体育教师需要灵活调整教学计划，以适应当前的实际情况。例如，如果场地或器材出现问题，教师可以调整练习方法，降低练习要求或转换练习形式，以确保教学的顺利进行。在面对突发情况时，体育教师可以借助集体的力量来约束学生的错误行为或处理紧急情况。例如，通过语言引导让学生意识到自己的错误行为可能会影响整个集体的荣誉，从而收敛行为。体育教师还需要与其他教师和学生保持良好的沟通与协调，在紧急情况下，也可以发动学生一起帮助处理，及时与其他教师或学校领导沟通，寻求支持和协助。同时，也要与学生保持沟通，了解他们的需求和困惑，以便更好地应对突发情况。

综上所述，体育教师在教学中遇到突发情况时，应沉着冷静、随机应变，确保学生安全，灵活调整教学计划，适当借助集体的力量，具备良好的沟通与协调能力。这样才能迅速做出反应并灵活应对各种突发情况，以确保学生安全和教学的顺利进行。

二、体育课程思想政治教育者的职能

（一）价值引领与导向

体育教师需要充分发挥体育课程的隐性思政教育功能，将马克思主义基本理论、爱国主义教育和传统文化教育融入体育教学中，引导学生形成正确的世界观、人生观和价值观。应通过体育教学，提高学生对运动规律的认识和身体改造的能力，培养学生的综合体育素养，激发学生提升全民族身体素质的责任感。

在体育教学过程中，教师可以通过讲解体育运动的社会意义和历史背景，引导学生理解马克思主义关于人的全面发展的理论。例如，在介绍某项运动时，可以讲述其发展历程，它是如何从劳动人民的实践中演变而来，又如何成为现代社会的重要文化活动的。这样，学生不仅能学到运动技能，还能更深刻地理解体育运动与社会发展的关系。体育教学中，教师可以引入中国传统的体育项目，如武术、太极拳等，让学生在运动中感受中国传统文化的魅力。同时，也可以结合传统节日或重要历史事件，设计具有文化内涵的体育活动，让学生在参与中了解和学习中国传统文化。体育教师在教学过程中应注重传授运动科学知识，帮助学生了解运动规律和身体改造的原理。通过科学的训练方法和手段，提升学生的身体素质和运动能力。同时，教师还可以引导学生关注自己的身体状况，培养他们自主锻炼的习惯和健康的生活方式。除了运动技能的培养，体育教师还应注重学生的体育精神、团队协作、竞争意识等综合体育素养的培养。通过多样化的教学手段和活动形式，激发学生的学习兴趣和积极性，让他们在运动中不断成长和进步。体育教师可以通过课堂讲解，引导学生认识到自己在提升全民族身体素质中的责任和使命。同时，也可以组织学生参与公益体育活动或志愿者服务，让他们在实践中感受体育对社会的积极影响。

综上所述，体育教师需要充分发挥体育课程的隐性思政教育功能，将思政教育融入体育教学中。通过多样化的教学手段，引导学生在运动中形成正确的世界观、人生观和价值观，提升他们的身体素质和综合体育素养。

（二）教学设计与实施

体育教师应结合体育课程的内容和特点，深度挖掘其中的思政元素，精心设计教学内容和过程，以确保思政元素与体育教学知识点的有机融合，使思政元素自然地贯穿在教学过程中。

在设计教学内容之前，体育教师应首先明确本节课的教学目标，并思考如何将思政元素巧妙地融入其中。例如，如果教学目标是提高学生的团队协作能力，那么可以选择一些需要团队协作的体育项目，并在教学过程中强调团队合作的重要性，引导学生理解并践行集体主义精神。教学内容的选择应既符合体育课程的要求，又能体现思政元素。例如，可以选择一些具有中国传统文化特色的体育项目，如太极拳、武术等，让学生在学习的过程中感受中国传统文化的魅力，从而培养对传统文化的热爱和尊重。为了更好地将思政元素与体育教学知识点进行有机融合，教师可以采用多样化的教学方法和手段。例如，可以利用多媒体教学资源展示与思政元素相关的视频或图片，增强学生的直观感受；还可以组织开展小组讨论或辩论活动，让学生在交流中深化对思政元素的理解。在课程结束时，教师可以组织学生进行反思和总结，引导他们分享自己在体育活动中的感受和收获，特别是与思政元素相关的体会。这样不仅能加深学生对思政元素的理解，还能促使他们将这些理念内化为自己的价值观。

综上所述，体育教师可以通过明确教学目标、选择恰当的教学内容、设计互动性强且参与度高的教学过程以及采用多样化的教学方法和手段来确保思政元素与体育教学知识点的有机融合。这样不仅能提升学生的身体素质和运动技能，还能引导他们在潜移默化中树立正确的世界观、人生观和价值观。

（三）学情分析与个性化教育

在体育课程思想政治教学中体育教师应关注学生的个性差异和需求，进行深入的学情分析。应根据学生的实际情况，制订个性化的教学方案，以满足不同学生的成长需求。这不仅是提升教学效果的关键，也是实现教育公平和学生全面发展的重要途径。

每个学生都是独一无二的个体，他们在体能、兴趣、学习习惯等方面存在差异。因此，体育教师应首先进行深入的学情分析，通过问卷调查、观察学生课堂表现、与学生沟通交流等方式，全面了解学生的实际情况。这样，教师才能更准确地把握学生的需求和特点，为后续个性化的教学方案的设计提供有力支持。基于学情分析的结果，体育教师应为学生制订个性化的教学方案。例如，对于体能较好的学生，可以设置更具挑战性的训练任务，以激发他们的潜能；对于体能较差的学生，则应从基础训练入手，逐步提升他们的体能水平。同时，教师还应根据学生的兴趣爱好调整教学内容，让学生在享受运动乐趣的同时，更好地掌握运动技能和提升身体素质。体育课程的最终目标是促进学生的全面发展。因此，体育教师应关注学生的身心健康、技能提升和道德品质的培养。通过个性化的教学方案和学思践悟的学习过程，教师可以帮助学生挖掘自身潜能，提升他们的综合素质。同时，教师还应注重培养学生的团队合作精神和竞争意识，让他们在体育活动中学会与他人沟通和协作，从而更好地适应社会。

综上所述，体育教师在体育课程思想政治教学中应关注学生的个性差异和需求，设计个性化的教学方案。这样不仅能提高教学效果，还能促进学生的全面发展，实现教育的真正价值。

（四）组织管理与活动指导

在体育课程思想政治教学中体育教师应具备良好的组织管理能力，能够有序地组织课堂教学和课外体育活动。他们还需承担运动训练、运动竞赛以及群众性体育活动的辅导工作，为学生提供专业的指导和帮助。通过这些，体育教师能够进一步加强思想政治教育的渗透，促进学生的身心健康和全面发展。

体育教师需要具备良好的组织管理能力，以确保课堂教学和课外体育活动的有序进行。这包括合理规划教学进度安排、有效组织学生参与、及时处理突发情况等。有序的课堂和课外活动不仅能提高教学效率，还能确保学生的安全，为他们创造一个良好的学习环境。除了常规的课堂教学，体育教师还需要承担运动训练、运动竞赛以及群众性体育活动的辅导工作。这些活动不仅要求体育教师具备专业的运动知识和技能，还要求他们能够根据活动对象的实际情况进行个性化的指导。通过专业的指导和帮助，学生可以更好地掌握运动技能，提高身体素质，培养团队合作精神和竞争意识。在组织和指导各类体育活动的过程中，体育教师可以进一步渗透思想政治教育。例如，通过运动训练和竞赛，教师可以培养学生的毅力、勇气和团队合作精神；通过群众性体育活动，教师可以引导学生关注社会、关爱他人，培养他们的社会责任感。这些教育内容与体育教学目标紧密相连，有助于促进学生的身心健康和全面发展。体育教师的组织管理能力和专业指导能力不仅关乎学生的运动技能和身体素质的提升，更关乎他们的心理健康和道德品质的培养。通过有序的课堂组织、专业的运动指导以及渗透性的思想政治教育，体育教师能够帮助学生建立积极的生活态度，培养他们的自信心和责任感，从而实现学生的全面发展。

综上所述，体育教师在体育课程思想政治教学中应具备良好的组织管理能力，能够有序地组织课堂教学和课外体育活动。在提升学生的运动技能和身体素质的同时，进一步渗透思想政治教育，为学生的全面发展奠定坚实基础。

（五）榜样示范与道德引领

在体育课程思想政治教学中，体育教师作为学生身边的榜样，应通过自身的言行举止传递正能量和积极向上的态度，也应以身作则，树立良好的道德风尚，引领学生在体育课程中培养优秀的道德品质和行为习惯。

体育教师与学生之间有着密切的接触，尤其是在体育课程和活动中。因此，他们的每一句话、每一个动作，都可能成为学生模仿和学习的对象。体育教师应该充分认识到自己在学生中的影响力，通过正面的言行来为学生树立榜样。体育教师在教学中的态度对学生的情绪和学习动力有着直接的影响。一个充满活力、积极向上的体育教师，能够激发学生的学习兴趣，培养他们面对困难不退缩的勇气。相反，如果体育教师表现出消极或懈怠的态度，那么学生也可能受到负面影响。因此，体育教师需要通过自身的言行，不断地向学生传递正能量和积极向上的态度。体育教师在与学生互动的过程中，应时刻注意保证自己的言行符合道德规范，为学生树立一个好的榜样。例如，公平公正地对待每一个学生，尊重他们的意见和选择，不偏袒、不歧视；在体育活动中，强调团队合作和公平竞争的重要性，反对任何形式的作弊和违规行为。体育课程不仅仅是技能传授和体能训练的场所，更是道德品质和行为习惯培养的重要场所。体育教师应有意识地通过课程设计和活动组织，引导学生学会尊重、合作、自律等优秀品质。例如，在集体跳绳、拔河等团队挑战项目中设置角色互换环节，让学生有机会扮演不同的角色，如领队、裁判、队员等。通过角色互换，让学生从不同角度体验体育活动，增强对尊重、合作和自律的理解。

综上所述，体育教师在体育课程思想政治教学中不仅是技能的传授者，更是道德的引路人。通过自身的言行举止，体育教师能够向学生传递正能量、树立良好的道德风尚，并引导他们在体育课程中培养优秀的道德品质和行为习惯。

三、体育课程思想政治教育者的素质

（一）坚定的政治立场和信仰

体育教师应坚定马克思主义，坚决拥护中国共产党的领导，坚持四项基本原则，这是进行思想政治教育的基石与前提。这一原则不仅为体育教师提供了明确的政治方向，也为他们在教学和日常工作中奠定了坚实的思想基础。

首先，坚定马克思主义信仰是体育教师进行思想政治教育的核心。马克思主义是科学的世界观和方法论，它揭示了人类社会发展的基本规律，为人类社会的进步指明了方向。体育教师只有坚定马克思主义信仰，才能在教学中引导学生正确认识世界、理解社会、把握人生。其次，坚决拥护中国共产党的领导是体育教师进行思想政治教育的政治保障。中国共产党是中国特色社会主义事业的坚强领导核心，是各族人民最可靠的主心骨。体育教师作为教育工作者，应当自觉维护党的领导，宣传党的路线、方针、政策，引导学生树立正确的政治方向。最后，坚持四项基本原则是体育教师进行思想政治教育的根本要求。四项基本原则包括必须坚持社会主义道路、必须坚持人民民主专政、必须坚持中国共产党的领导、必须坚持马列主义毛泽东思想。这是立国之本，是党和国家生存发展的政治基石。体育教师应当在教学中贯彻落实四项基本原则，确保思想政治教育的正确性和有效性。

总之，体育教师作为进行思想政治教育的直接实施者，必须坚定马克思主义，坚决拥护中国共产党的领导，坚持四项基本原则。这不仅是对体育教师个人的政治要求，也是体育教师履行教育职责、培养社会主义建设者和接班人的必然要求。

（二）深厚的爱国主义情感

体育教师作为培养学生身心健康的关键角色，其身上肩负着重要的教育使命。体育教师不仅要在体育技能上指导学生，更要有强烈的民族自豪感和爱国主义精神，将爱国主义教育融入日常教学中，以培养学生的国家意识和民族意识。

首先，体育教师要深刻理解并认同中华民族的历史文化。了解中华民族五千年的文明史，认识我国历史上具有伟大成就的杰出人物，对于体育教师来说至关重要。深厚的文化底蕴能够增强体育教师的民族自豪感，使其在教学中更加自信地传播和弘扬爱国主义精神。其次，体育教师要将爱国主义教育内容巧妙地融入体育课程中。体育教师可以结合课程内容，激发学生的爱国热情，培养学生的国家意识和民族意识。此外，体育教师还应注重培养学生的集体主义精神。在体育活动中，团队合作能力和集体荣誉感是不可或缺的品质。体育教师可以通过组织集体训练、团队比赛等活动，培养学生的团队协作能力和集体荣誉感，让学生深刻认识到个人与集体、国家与民族之间的紧密联系。最后，体育教师要以身作则，成为学生的榜样。体育教师要在日常生活中践行爱国主义精神，用自己的实际行动感染学生、影响学生。

总之，体育教师要有强烈的民族自豪感和爱国主义精神，能够在教学中融入爱国主义教育内容，培养学生的国家意识和民族意识。这不仅有助于学生的全面发展，更有助于培养具有爱国主义精神和社会责任感的优秀公民。

（三）正确的世界观、人生观和价值观

体育教师作为教育体系中的重要一员，不仅肩负着传授体育技能、增强学生体质的重任，更承担着引导学生形成正确世界观、人生观和价值观的重要使命。因此，体育教师应树立正确的世界观、人生观和价值观，才能够引导学生正确看待人生、社会和世界，形成积极向上的生活态度。

世界观是人们对整个世界的根本看法和观点。体育教师应该认识到，体育不仅是身体上的锻炼，更是一种精神、文化和社会价值的传递。体育教师应该积极关注国内外大事，了解时事政策，具备全球视野和开放心态，以引导学生正确看待世界，形成科学的世界观。人生观是人们对人生目的、价值和意义的根本看法。体育教师应该认识到，体育运动的本质是追求健康、快乐和进步。在体育教学中，教师应该注重引导学生形成积极向上的人生观，珍惜生命、热爱生活、追求进步。价值观是人们对事物价值的看法和评价。体育教师应该认识到，体育运动的价值不仅在于比赛成绩和荣誉，更在于培养人的全面素质和社会责任感。在体育教学中，体育教师应该注重培养学生的道德观念、社会责任感和公民意识，引导学生形成正确的价值观，关注社会、关爱他人、贡献社会。

总之，体育教师应该树立正确的世界观、人生观和价值观，通过自身的言行举止和教学活动引导学生形成积极向上的生活态度。这不仅有利于学生的个人成长和发展，也有利于社会的和谐与进步。

（四）良好的师德师风

体育教师应具备高尚的师德师风，以身作则，为学生树立榜样。要尊重学生、关爱学

生，关心学生的全面发展。

高尚的师德师风是体育教师的核心素质之一，包括坚定的教育信仰、高尚的职业道德、严谨的治学态度和无私的奉献精神。体育教师应该以身作则，自觉遵守教师职业道德规范，坚守教育公平、公正、公开的原则，为学生的成长和发展创造良好的教育环境。体育教师在教学过程中，要时刻注意自己的言行举止，以身作则，为学生树立榜样。如带头遵守体育规则，尊重裁判，展现出公平竞争的体育精神。同时，体育教师还应该注重自身形象的塑造，通过良好的仪表和举止来影响和感染学生，让学生在体育学习中感受到积极向上的力量。尊重学生、关爱学生是体育教师的基本职责。体育教师应该关注学生的个体差异，尊重他们的兴趣和选择，鼓励他们发挥自己的特长和潜能。同时，体育教师还应该关注学生的心理健康，积极帮助他们解决学习和生活中遇到的困难和问题，让他们感受到温暖和关爱。体育教师在关注学生的体育技能培养的同时，也要关心学生的全面发展。体育教师应该注重培养学生的团队合作精神、竞争意识和良好的行为习惯，让他们在体育学习中既能提高身体素质，还能在品德、情感、智力等方面得到全面发展。

总之，体育教师应具备高尚的师德师风，以身作则，为学生树立榜样。同时，要尊重学生、关爱学生，关心学生的全面发展。这样，体育教师才能真正成为学生人生道路上的引路人和榜样，为学生的成长和发展贡献自己的力量。

（五）强烈的责任感和使命感

体育教师作为学校教育体系中的一股重要力量，必须充分认识到自己在学生思想政治教育中的重要作用。体育教师不仅是体育技能的传授者，更是学生思想引领者、品德塑造者和全面发展的推动者。因此，体育教师应主动承担起培养社会主义建设者和接班人的使命，为学生的健康成长和全面发展负责。

体育教师需要明确自己在思想政治教育中的地位和角色，认识到思想政治教育在塑造学生品德、引导学生树立正确价值观和人生观中的重要作用。通过体育教学，体育教师能够潜移默化地影响学生的思想观念，帮助他们形成积极向上的生活态度和社会责任感。体育教师应将思想政治教育内容融入体育教学之中，让学生在运动和学习中感受和体验思想政治教育的魅力。

体育教师的强烈责任感和使命感，是源于他们对学生全面发展、健康成长以及社会未来建设的深刻认识和坚定信念。这种责任感和使命感，不仅体现在日常的体育教学工作中，更贯穿于他们与学生的每一次互动、每一次指导之中，是他们职业生涯中不可或缺的精神支柱。首先，对学生身心健康的守护。体育不仅是锻炼身体的手段，更是培养学生意志品质、塑造健全人格的重要途径。体育教师在教学过程中，不仅注重传授体育技能，更注重培养学生的坚韧不拔、勇往直前的精神风貌。体育教师应时刻关注学生的身体状况，合理安排训练强度，在确保学生安全的前提下，使其得到充分的锻炼。同时，还应关注学生的心理健康，通过体育活动引导学生释放压力、调节情绪，培养学生的乐观向上、积极进取的心态。其次，对学生思想品德的塑造。体育精神中蕴含的公平竞争、团结协作、尊重对手等品质，是学生成长过程中不可或缺的道德养分。体育教师通过组织体育活动、比赛，让学生在实践中体会这些品质的重要性，引导学生树立正确的价值观、道德观。应用自己的言行举止为学生树立榜样，用体育精神的力量感染学生、激励学生，为学生的思想品德成长提供有力的支撑。最后，对学生全面发展的推动。一个优秀的学生不仅要有健壮的体魄，还要有丰富的知识、较强的能力和良好的心理素质。因此，体育教师在教学中注重与学生的沟通交流，了解学生的兴趣爱好和发展需求，为他们提供个性化的指导和帮助。还应积极与其他学科教师合作，共同探索体育与其他学科的融合点，促进学生的全面发展。

综上所述，体育教师的强烈责任感和使命感是他们职业生涯中的宝贵财富。这种责任感和使命感驱使他们不断追求卓越、勇于创新，为学生的健康成长和全面发展倾注心血。体育教师必须充分认识到自己在学生思想政治教育中的责任与使命，注重自身的品德修养的提升和行为举止的规范，关注学生的全面发展，与其他教师密切合作，促进学生的健康成长和全面发展。

（六）丰富的思想政治理论知识

体育教师在教学过程中，除了传授体育技能和知识外，还肩负着培养学生全面发展的重任，其中包括思想政治素质的培养。为了确保在教学中能够更好地融入思想政治理论教学的内容，更好地将体育教育与德育教育相结合，体育教师需要具备丰富的思想政治理论知识。

体育教师应深入学习马克思主义理论，掌握其基本原理和方法论，以便在教学中能够熟练运用这些理论来分析和解决问题。体育教师应关注中国特色社会主义理论体系的最新发展，了解其基本内容、主要观点和实践要求，以便在教学中能够结合时代特点和学科特点，向学生传授正确的政治方向和价值观念。体育教师应保持持续学习的态度，不断更新自己的知识库，可以通过定期参加培训、阅读最新文献、关注时事新闻等方式，了解最新的思想政治理论动态和政策变化。同时，体育教师还应关注教育改革的最新进展，将新的教育理念和方法融入自己的教学中。

总之，体育教师应具备丰富的思想政治理论知识，这不仅有助于引导学生形成正确的价值观和国家意识，促进学生的全面发展，还有助于提升教师自身的专业素养和教育教学水平，实现体育与德育的有机结合。

（七）敏锐的政治洞察力和判断力

体育教师在日常教学中，除了传授体育技能和知识外，还需要关注国内外时事政治，了解国家的方针政策，以便更好地引导学生正确看待社会现象和热点问题。

体育教师通过关注时事政治，能够及时了解国内外政治、经济、文化等领域的最新动态，从而把握时代脉搏，为体育教学注入新的活力和内容。了解时事政治有助于体育教师拓宽学生的视野，提升他们对国家大事和全球性问题的关注度，培养学生的国际视野和全球意识。时事政治往往涉及社会热点问题和现象，体育教师可以借此机会引导学生正确看待这些问题，培养他们的辩证思维能力和社会责任感。体育教师可以通过阅读报纸、新闻网站、观看新闻节目等方式，定期了解国内外的时事动态，也可以参加由教育部门或相关机构组织的时事政治培训或研讨会，了解最新的教育政策和时事动态，还可以与同行交流心得体会，分享教学经验，共同提高关注时事政治的能力。在体育教学中，应根据体育学科特点，选择合适的时事话题进行讨论，引导学生关注国家大事和社会热点问题，并从多角度思考问题，分析社会现象背后的原因和影响，帮助他们形成正确的价值观和世界观。

总之，体育教师应关注国内外时事政治，了解国家大事和方针政策，以便更好地引导学生。通过关注时事政治，体育教师能更好地培养学生的国际视野和全球意识，提高他们的辩证思维能力，有助于他们正确价值观和世界观的形成。

第二节　体育课程思想政治教育对象——学生

体育课程的核心教育对象是学生，他们是塑造未来社会的关键力量。在体育课程中融入思想政治教育，旨在引导学生形成正确的世界观、人生观和价值观，这对于他们的人格塑造和全面发展至关重要。为了达到这一目的，我们首先要正确认识并深入分析教育对象的特征。这种深入的了解与分析，不仅是体育课程思想政治教育的起点，更是其能否取得实效的基础。只有真正了解学生，我们才能更精准地引导他们走向正确的道路，为他们的未来奠定坚实的基础。

一、体育课程思想政治教育对象的特征

（一）年龄特征

体育课程思想政治教育对象主要是青少年学生，他们处于身心发展的关键时期。这个年龄段的学生通常具有旺盛的好奇心、探索欲和求知欲，他们渴望学习新知识，尝试新事物。同时，他们的思想观念和道德观念也处于逐渐形成和塑造的阶段，容易受到外界的影响。

青少年学生天生对周围的世界充满好奇，他们渴望了解未知的事物，追求新的知识和经验。在体育课程中，他们会对各种运动项目、运动技巧、运动历史等产生浓厚的兴趣，愿意投入时间和精力去学习和探索。这种好奇心和探索欲为体育课程的思想政治教育提供了良好的契机。青少年学生正处于知识积累和技能提升的关键阶段，他们渴望学习新知识，尝试新事物，以丰富自己的经验和技能。在体育课程中，他们不仅希望学习基本的运动技能，还希望了解运动背后的科学原理、文化内涵和社会价值。这种学习态度和求知欲也有助于他们更好地理解和接受体育课程中的思想政治教育内容。青少年时期是思想观念和道德观念形成的关键时期。在这个时期，他们开始思考自己与社会的关系，逐渐形成自己的价值观、道德观和世界观。他们的思想观念和道德观念容易受到外界的影响，包括家庭、学校、社会和文化等多个方面。因此，在体育课程中融入思想政治教育，有助于引导他们形成正确的思想观念和道德观念，为他们的人生奠定坚实的基础。青少年学生的思想观念和道德观念尚未成熟，容易受到外界的影响。他们可能会受到外界各种渠道的信息影响，从而改变自己的思想观念和行为方式。在体育课程中，教师可以通过言传身教、榜样示范等方式，向学生传递正确的价值观、道德观和世界观，帮助他们抵御不良信息的侵蚀。

综上所述，体育课程思想政治教育对象主要是青少年学生，他们具有旺盛的好奇心、探索欲和求知欲，渴望学习新知识，尝试新事物，他们的思想观念和道德观念也容易受到外界的影响。因此，在体育课程中根据他们的年龄特点合理融入思想政治教育具有重要意义，不仅可以帮助学生形成正确的思想观念和道德观念，还能够为他们的健康成长和全面

发展提供有力保障。

（二）性别特征

在体育课程中，学生性别比例相对均衡，但男女生在身体发育、兴趣爱好、运动能力等方面存在差异。这些差异不仅影响学生对体育项目的选择和参与度，也对思想政治教育的方式和效果产生影响。

男女生在身体发育上的差异决定了他们在体育运动中的体能和力量表现不同。男生通常具有更强的力量和速度，而女生则可能在柔韧性和协调性方面更具优势。因此，教师在设计体育课程时，应根据不同性别的特点，选择适合他们的运动项目，并在教学中注重发挥各自的优势。男生可能更偏好竞技性强、身体对抗激烈的运动项目，如足球、篮球等，这些项目能够满足他们展示力量、速度和技巧的欲望。而女生则可能更偏好技巧性强、运动量适中的运动项目，如舞蹈、体操等，这些项目能够锻炼她们的柔韧性和协调性，同时满足她们对美的追求。教师应尊重学生的兴趣爱好，并提供多样化的体育项目供学生选择，以激发他们参与体育运动的积极性。男女生在运动能力上也存在差异，这包括体能、技能、心理素质等方面。男生可能在体能和力量方面更具优势，而女生则可能在技能和心理素质方面表现更佳。因此，教师在体育教学中应针对不同性别的学生，采用不同的教学方法和手段，以满足他们的不同需求。同时，体育教师应平等对待男女生，确保他们享有平等的参与机会和资源。另外，体育教师应鼓励男女生互相学习、互相尊重，形成良好的体育课堂氛围。体育教师应根据学生的性别特点、兴趣爱好和运动能力，因材施教，采用适合不同性别学生的教学方法和手段。通过个性化的教学，满足学生的不同需求，提高体育教学的针对性和有效性。在体育教学中融入思想政治教育时，教师应关注男女生在思想观念、道德观念等方面的差异。通过针对性的教学内容和形式，引导学生形成正确的性别观念、价值观念和道德观念。

总之，在体育课程中进行思想政治教育时，教师应充分考虑学生的性别差异，并采取相应的策略来确保教育的针对性和有效性。通过尊重差异、平等对待、因材施教和融入思想政治教育等方式，促进学生的全面发展。

（三）学习背景

体育课程思想政治教育对象的学习背景各不相同，包括不同的家庭背景、教育背景、文化背景等。这些差异可能导致学生在思想观念、行为习惯、学习方式等方面存在差异。因此,体育教师需要了解学生的学习背景,关注学生的个体差异,因材施教,确保每个学生都能在体育课程中接受到适合自己的思想政治教育。

家庭是学生成长的第一课堂,家庭环境、家庭教育方式等都会对学生的思想观念和行为习惯产生深远影响。体育教师应了解学生的家庭状况,包括家庭氛围、家长的教育观念等,以便更好地理解学生的行为和心理。学生的教育背景包括他们之前所接受的教育水平、学校的教学质量以及课程设置等。这些因素会影响学生的知识基础、学习能力以及学习习惯。体育教师应了解学生的学习历程,以便在教学过程中给予适当的指导和帮助。文化背景是指学生所处的文化环境、文化传统以及文化价值观等。文化背景会影响学生的思维方式、价值观念以及行为方式,体育教师应尊重并理解学生不同的文化背景,避免在教学过程中产生文化冲突。由于学习背景的差异,学生在思想观念上可能存在差异。体育教师应关注学生的思想观念,引导他们形成正确的价值观、道德观和世界观。在教学过程中,教师可以通过案例分析、讨论交流等方式,引导学生思考并表达自己的观点,从而培养他们的独立思考能力。学生的行为习惯也是个体差异的重要表现。体育教师应关注学生的行为习惯,帮助他们养成良好的运动习惯和生活习惯。在教学过程中,教师可以通过示范、引导、激励等方式,鼓励学生积极参与体育活动,培养他们的团队合作精神和竞争意识。不同的学生在学习方式上也存在差异。有的学生善于主动探究,有的学生则更倾向于被动接受。体育教师应根据学生的学习特点,采用不同的教学方式和方法,以满足他们的学习需求。在教学过程中,教师可以运用小组合作、探究学习、实践操作等方式,激发学生的学习兴趣和主动性。体育教师应根据学生的个体差异,制订个性化的教学计划和方案。在教学过程中,教师应关注每个学生的表现和需求,给予他们适当的指导和帮助,确保每个学生都能在体育课程中取得进步。体育教师应采用多元化的评价方式,全面评估学生的表现和发展。除了传统的考试和测试外,教师还可以采用观察记录、自我评价、同伴评价等方式,了解学生的学习情况和成长变化。在教学过程中,体育教师应及时给予学生反馈和指导。对于表现优秀的学生,教师应给予肯定和鼓励;对于存在问题的学生,教师应帮助他们找出原因并提供改进建议。通过及时反馈和指导,教师可以帮助学生更好地认识自己并不断进步。

总之,体育教师在进行体育课程思想政治教育时,应深入了解学生的学习背景并关注学生的个体差异,因材施教。通过个性化教学、多元化评价和及时反馈等方式,确保每个学生都能在体育课程中接受到适合自己的思想政治教育，从而提升教育效果。

（四）兴趣爱好

学生的兴趣爱好是多种多样的，在体育课程中，他们可能喜欢不同的运动项目、运动风格和运动方式。这些兴趣爱好对学生的运动表现、心理状态和情感体验都具有深远的影响。

首先，体育教师应该通过日常的观察、交流和问卷调查等方式，了解学生的兴趣爱好。这包括学生喜欢的运动项目、运动风格、运动方式等。只有深入了解学生的兴趣爱好，教师才能更好地满足学生的需求，设计出更具针对性的教学活动。其次，体育教师应设计有趣味性的教学活动。将游戏元素融入体育教学中，可以增加学生的参与度和兴趣。例如，在篮球教学中，可以设计一些有趣的篮球游戏，让学生在游戏中学习篮球技巧，同时体验运动的乐趣；通过创设与现实生活相关的情境，让学生在模拟的情境中学习体育知识和技能，可以使学生更加投入，提高学习效果；利用多媒体资源，如音频、图片等，可以吸引学生的注意力，增强教学效果；教师可以展示一些与学生兴趣爱好相关的体育比赛视频，激发学生的学习兴趣。再次，体育教师应设计互动性强的教学活动。通过小组合作的方式，让学生在互相合作、互相竞争中学习体育知识和技能。这不仅可以提高学生的团队协作能力，还可以培养学生的竞争意识和公平竞争精神。让学生扮演不同的角色，如教练、运动员、裁判等，参与体育活动的组织和实施。这种教学方式可以使学生更加深入地了解体育活动的各个方面，提高学习的实效性。又次，体育教师应设计参与性高的教学活动。让学生在课堂上亲自实践与演练，学习体育技能和动作。这种教学方式可以使学生更加直观地了解体育知识，提高学习效果。例如，鼓励学生自主探究体育知识和技能，培养他们的自主学习能力和创新精神。教师还可以提供一些具有探究性的学习任务，让学生在完成任务的过程中学习体育知识。最后，为学生提供展示和交流的机会，让他们在课堂上展示自己的学习成果和心得体会。这不仅可以增强学生的自信心和表达能力，还可以促进同学之间的交流和合作。

总之，体育教师应该结合学生的兴趣爱好进行思想政治教育，设计有趣味性、互动性和参与性的教学活动。这不仅可以提高学生的积极性和参与度，还可以提高教育的实效性，帮助学生形成正确的价值观念和道德观念。

（五）行为特征

在体育课程中，学生的行为一般表现为活跃、好动、竞争性强等特征。学生们热衷于参与各种体育活动，享受在运动中展现自己才能和实力的过程，同时也渴望在比赛中取得胜利，以获得实现自我价值的认同和满足。针对这些行为特征，体育教师在进行思想政治教育时，应特别注重培养学生的团队协作能力、公平竞争意识以及尊重他人的品质，从而引导学生形成健康向上的心态和行为习惯。

首先，培养团队协作能力。体育教师可以通过设计各种团队体育活动，如接力赛、足球比赛等，通过共同制定策略、互相配合，增强团队凝聚力，提升团队协作能力，让学生在参与中体验团队合作的重要性。在体育教学中，体育教师应强调集体荣誉的重要性，让学生明白个人的努力是团队成功的基础，而团队的胜利则是个人价值的体现。这有助于培养学生的集体意识，激发他们的团队责任感。其次，培养公平竞争意识。体育教师应详细讲解比赛规则，让学生明白比赛中公平竞争的原则。通过让学生了解、遵守规则，形成对比赛的敬畏之心，从而培养他们的公平竞争意识。体育教师可以通过讲述优秀运动员的故事，让学生明白公平竞争是体育精神的核心。同时，教师自身也应成为学生的榜样，在教学中秉持公平、公正的原则，为学生树立正确的价值观。再次，培养尊重他人的品质。在体育教学中，体育教师应教育学生尊重对手，无论比赛结果如何，都应给予对手应有的尊重。这有助于培养学生的宽容心态，提高他们的道德素质。同时，体育教师应让学生了解裁判在比赛中的重要性，教育学生尊重裁判的判罚，也应引导学生理解裁判的判罚可能存在的误差，从而培养他们的包容心态。最后，引导形成健康向上的心态和行为习惯。体育教师应关注学生的表现，及时给予正面激励和表扬。通过肯定学生的努力和进步，增强他们学习的自信心和动力，引导他们形成积极向上的心态。对于学生在体育活动中出现的不良行为，体育教师应及时指出并纠正。通过引导学生认识并改正自身错误，帮助他们形成健康的行为习惯。

总之，针对体育课程中学生不同的行为特征，体育教师在进行思想政治教育时，应设计有针对性的教学活动和正确的引导方式，从而引导学生形成健康向上的心态和行为习惯，提升学生的团队协作能力和公平竞争意识以及培养学生尊重他人的品质，为他们的全面发展奠定坚实的基础。

（六）情感特征

青少年时期的学生情感丰富且多变，他们在体育课程中可能会表现出不同的情感反应，如兴奋、紧张、沮丧等。这些情感反应不仅影响着学生的运动表现，也影响着他们的心理状态和情感体验。因此，在进行思想政治教育时，体育教师需要关注学生的情感变化，及时给予关心和支持，帮助学生建立积极健康的情感状态。

体育教师应细心观察学生在课堂上的情感反应，注意他们的肢体语言、面部表情和声音变化。同时，体育教师应积极倾听学生的心声，了解他们的内心感受和情感需求。通过营造轻松、愉快的课堂氛围，减少学生的紧张感。体育教师可以运用具有幽默感的、鼓励性的语言和正面的反馈来激励学生，提高他们的自信心。当学生表现出负面情绪时，体育教师应及时介入，通过谈心、鼓励、建议等方式帮助学生调整心态。体育教师可以引导学生看到问题的积极面，鼓励他们从失败中汲取经验，培养坚韧不拔的精神。在体育课程中融入情感教育，让学生通过体育活动体验团队合作、公平竞争、尊重他人等情感价值。同时，体育教师可以在班级中建立情感支持系统，鼓励学生之间互相关心、互相支持，体育教师也应成为学生的情感支持者，为他们提供必要的帮助和安慰。

总之，通过关注学生的情感变化并进行有效的情感支持，体育教师不仅能够帮助学生保持积极健康的情感状态，还能够促进学生的全面发展。同时，这也是思想政治教育在体育课程中的具体体现，有助于培养学生的道德品质和社会责任感。

综上所述，体育课程思想政治教育对象的特征主要体现在年龄、性别、学习背景、兴趣爱好、行为特点和情感特点等方面。当然，随着时代的变化和学生群体的更新，这些特征也可能会发生变化。这就要求体育教师在进行思想政治教育时，要充分考虑学生的实际情况和需求，采用科学有效的教学方法和手段，确保体育课程思想政治教育的针对性和实效性。

二、分析体育课程思想政治教育对象的方法

全面而准确地了解体育课程思想政治教育对象的特征是做好体育课程思想政治教育工作的起点和基础，精准把握体育课程思想政治教育对象的特征就必须要掌握科学合理的分析与研究方法。

（一）辩证分析法

辩证分析法是正确认识教育对象的基础思维方法，需要在历史唯物主义观点的指导

下，用辩证的方法去认识教育对象，科学地分析他们的身心发展特点和基本社会特征。在体育课程中，这意味着要全面、深刻地理解学生的身体素质、运动技能以及思想道德水平，以便制定合适的体育课程思想政治教育方案。

辩证分析法作为正确认识教育对象的基础思维方法，在体育课程思想政治教育中发挥着至关重要的作用。它要求教师在历史唯物主义观点的指导下，运用辩证的方法深入认识和分析教育对象，从而科学地把握学生的身心发展特点和基本社会特征。首先，教师需要全面、深刻地理解学生的身体素质。这不仅仅是指学生的体能状况，还包括他们的身体协调性、灵活性、耐力等各方面素质。通过辩证分析，教师可以根据学生的个体情况，制订出个性化的体能训练计划，以提升他们的身体素质。其次，辩证分析法还要求教师对学生的运动技能进行科学的分析。运动技能的培养是体育课程的重要组成部分，而每个学生的技能水平和学习能力都是不同的。通过辩证地看待学生的技能发展，教师可以根据学生的实际情况，有针对性地设计教学内容和方法，帮助学生更好地掌握运动技能。最后，辩证分析法在体育课程思想政治教育中，还强调对学生思想道德水平的深入了解和分析。教师需要关注学生的价值观、道德观念以及社会责任感等方面的发展，通过辩证的思维方法，发现学生在思想道德方面存在的问题和不足，从而制定出有效的思想政治教育策略。

总之，辩证分析法在体育课程思想政治教育中的应用，有助于教师更全面地认识和分析学生，制定出更加科学、合理的教育方案。这不仅能够提升学生的身体素质和运动技能，还能够培养他们的思想道德品质，实现体育与思政教育的有机融合。

（二）观察分析法

观察分析法是体育课程思政中一种重要的认识教育对象的研究方法，是指体育教师在体育课程中，通过系统地观察学生的行为、态度、情感等，收集数据并进行分析，以了解学生的思政需求、特点和存在的问题。观察分析法旨在通过观察和记录学生在体育活动中的行为表现，深入分析学生的思政特点和需求，以便更好地进行个性化的思政教育。

首先，学生参与度的观察。在体育活动中，学生的参与度能反映出他们对活动的兴趣和投入程度。教师可以通过观察学生是否积极参与、是否主动发起或加入活动来判断其积极性。例如，在足球比赛中，积极跑动、主动抢断和传球的学生通常表现出较高的参与度。这类学生可能具有较强的团队协作意识和竞争意识，是思政教育中进行集体主义和竞争意识培养的良好对象。其次，学生合作意愿的观察。合作是体育活动中不可或缺的一部分，观察学生在团队活动中的合作意愿，可以了解他们的团队协作精神。如果学生在活动中乐于分享球权、主动配合队友，这表明他们具有较强的合作精神。反之，那些倾向于单打独斗、忽视团队合作的学生，则可能是思政教育中需要重点引导的对象。再次，学生面对挑战态度的观察。当面对困难或挑战时，学生的反应能体现出他们的抗挫能力和自信心。教师可以通过观察学生在挑战面前是否退缩、是否能够坚持并积极寻找解决办法来判断其心态。例如，在长跑训练中，能够坚持到底、不断挑战自我极限的学生，通常具有较强的意志力和拼搏精神。这类学生在思政教育中可以作为培养坚韧不拔品质的典范。最后，学生情绪管理的观察。体育活动中的输赢往往能激发学生的情绪反应。教师可以通过观察学生在胜利或失败后的情绪表现，来了解他们的情绪管理能力和胜负心态。对于那些在失败后能够迅速调整情绪、保持积极态度的学生，教师可以进一步培养他们的乐观精神和抗压能力。

总之，体育教师通过细心观察学生在体育活动中的行为表现，可以深入了解他们的思政特点和需求。这些观察结果为教师进行个性化的思政教育提供了重要依据，有助于提升体育课程思政的针对性和实效性。

（三）心理测评分析法

心理测评分析法是通过心理学量表、问卷等工具，对学生的心理状态、人格特征、情绪状态等进行量化评估的分析方法。在体育课程思政中，这种方法被用来检测学生在参与体育活动时的心理变化，以及这些变化如何与思政教育的目标相联系。它不仅评估学生的体育技能和体能，还深入探索学生的内在世界，包括他们的人生态度、价值观、社会责任感等。

通过心理测评，教师可以了解每个学生的性格特点、情绪状态和价值观倾向，从而为学生提供更加个性化的思政教育。例如，对于性格内向的学生，教师可以通过鼓励其参与团队体育活动来培养其自信心和团队协作能力。心理测评能够提供客观的数据支持，帮助教师判断思政教育内容的实际效果。通过对比测评前后的数据变化，教师可以清晰地看到学生在思政方面的成长和进步，进而调整教学策略以提升教育质量。体育活动中，学生可能会面临竞争压力、团队合作中的矛盾等问题，这些问题如果处理不当，可能会对学生的心理健康造成负面影响。心理测评能够及时发现学生的心理问题，为教师进行干预和辅导提供依据，帮助学生更好地应对挑战和压力。了解学生的心理需求和兴趣点，教师可以设计更符合学生喜好的体育活动和思政教育内容，从而提升学生的学习兴趣和参与度。当教育内容与学生心理需求相匹配时，学生的学习效果也会显著提升。体育课程不仅关注学生的体能和技能训练，还致力于培养学生的团队协作、竞争意识、坚持不懈等品质。心理测评能够全面评估学生的心理状态，包括自信心、情绪管理、抗压能力等方面，从而有针对性地促进学生的全面发展。传统的体育课程评价主要侧重于技能和体能的测试，而心理测评分析法的引入则使评价体系更加全面。它不仅能够评估学生的体能和技能水平，还能够评价学生在思政方面的成长和心理素质的提升。

总之，心理测评分析法在体育课程思政中扮演着重要角色，它不仅能够帮助教师更好地了解学生，提供个性化的教育引导，还能够增强思政教育的实效性，预防和解决学生的心理问题，提升学生的学习兴趣与参与度，促进学生的全面发展，以及完善教育评价体系。

（四）动态分析法

动态分析法在体育课程思政中，是指通过连续观察和评估学生在体育活动中的思想、行为和情感变化，以及这些变化与思政教育目标之间的关系，来动态地调整教学策略和方法的一种分析方法。它强调教育过程的灵活性和针对性，旨在更好地实现体育课程中的思政教育目标。具体来说，动态分析法要求教育者在教学过程中不断收集学生的反馈，观察学生的行为变化，并结合社会、学校和家庭等多方面的因素，全面、深入地了解学生的思政需求和发展状况。通过这种方法，教育者可以及时发现和解决学生在思政方面存在的问题，引导学生树立正确的价值观和人生观。

在体育课程的课堂教学中，教师可以通过动态分析法观察学生对思政内容的接受程度和反应，根据实际情况调整教学进度和深度，确保思政教育内容的有效传递。在课外体育活动中，如运动会、体育俱乐部训练等，教师可以通过动态分析法观察学生在实际运动场景中的团队协作、竞争态度等，从而有针对性地进行思政引导。针对个别在思政方面存在问题或困惑的学生，教师可以通过动态分析法深入了解其背后的原因和需求，提供个性化的辅导和支持。通过动态分析法，教师可以根据学生的实际情况和需求来调整教学策略，使思政教育更加贴近学生，从而提高教育的实效性。动态分析法关注学生的个体差异和全面发展，有助于发现每个学生的潜能和特长，并为其提供相应的支持和引导，从而促进学生的全面发展。动态分析法强调教师在教学过程中的观察和评估，这有助于教师更好地了解学生，同时也有助于学生感受到教师的关注和支持，从而增强师生间的互动与沟通。运用动态分析法需要教师具备敏锐的观察力和灵活的教学策略调整能力。因此，这种方法的运用也有助于提升教师的教学能力和专业素养。

总之，动态分析法在体育课程思政中具有重要的应用价值，它能够帮助教育者更好地了解学生的思政需求和发展状况，提高思政教育的针对性和实效性，为学生的全面发展提供有力支持。

（五）立体分析法

立体分析法在体育课程思政中，指的是一种多维度、多层次的综合性分析方法。它不仅考虑学生在体育课程中的身体锻炼和技能学习，还深入探究学生的思想道德、情感态度、价值观念等方面的发展。这种方法要求教育者从多个角度出发，全面、立体地评估学生的思政需求和发展状况，以便制定更加精准有效的教育策略。具体来说，立体分析法涵盖了对学生的知识掌握、技能发展、心理健康、社会适应能力以及道德品质等多个方面的综合评价。它强调在教育过程中，要注重学生的全面发展，将思政教育融入体育教学的各个环节，从而实现体育与德育的有机结合。

立体分析法有助于实现思政教育与体育教学的深度融合。通过立体分析法，教育者能够更全面地了解学生的需求和发展状况，从而制定更合适的教育策略，促进学生的全面发展。通过在体育活动中融入思政教育元素，使学生在锻炼身体的同时，也能感受到思想道德的熏陶。采用立体分析法可以更加科学地评估学生的学习成果和思政发展情况，从而及时调整教学方法和内容，提高教育质量。立体分析法强调对学生的全面评价，这不仅有助于发现学生的潜能和特长，还有助于培养他们的综合素质。

总之，立体分析法在体育课程思政中发挥着重要作用。它要求教育者从多个维度出发，全面深入地了解学生的需求和发展状况，以便制定更加精准有效的教育策略。这种方法有助于实现思政教育与体育教学的有机结合，提高教育质量和学生的综合素质。

（六）利用现代技术工具分析法

随着现代科学技术的迅猛发展，一大批技术工具在教育领域得到广泛应用并展示出独特的价值，体育课程思政也不例外。利用现代技术工具分析法在体育课程思政中，主要是指借助互联网、大数据、人工智能等现代技术工具，对学生的体育学习、身体锻炼以及思想道德发展进行全面、深入的数据收集与分析。这种方法能够更精确地掌握学生的个性化需求,监测学生的发展状况,并为教师提供科学的教学决策支持。

利用慕课和微课平台提供丰富的体育教学视频资源,让学生能够在课余时间自主学习。通过在线测试和互动讨论,及时了解学生的学习情况和思想动态,为思政教学提供参考。利用智能穿戴设备、运动分析软件等,对学生的运动数据(如心率、步频、运动轨迹等)进行实时跟踪和分析,评估学生的体能水平和技能掌握情况,为教师提供具有针对性的教学建议。在体育课程中融入思政元素,并通过社交媒体监测、在线讨论分析等方式,了解学生对这些思政内容的反应和态度。利用文本分析和情感分析技术,评估学生的思政素养和价值观念的发展情况。现代技术工具的引入使体育教学更加生动有趣,提高了学生的学习兴趣和参与度。通过数据分析,教师能够更准确地了解学生的学习情况,从而调整教学策略,提升教学效果。通过现代技术工具,教师能够将思政元素巧妙地融入体育教学中,使学生在学习体育技能的同时,接受思想政治教育。虚拟训练设备和互联网平台等工具的使用,有助于培养学生的团队合作精神、创新意识和社会责任感等思政品质。利用大数据和人工智能技术,教师可以根据学生的个体差异和需求,提供个性化的教学方案。这种个性化的教学方式有助于满足学生的不同需求,提高教学效果,同时也有助于培养学生的自主学习能力和创新思维。

总之,利用现代技术工具分析法了解学生的需求和发展状况是一个持续且系统的过程,涉及数据收集、分析、结果应用和持续监测等多个环节。这种方法能够帮助教育者更全面地了解学生,提供个性化的教学支持,从而促进学生的全面发展。

综上所述,这些方法为教师提供了更加多元化的手段来科学地认识和分析体育课程中思想政治的教育对象。通过灵活运用这些方法,教师可以更加深入地了解学生的思政需求和特点,从而制定出更加贴合学生实际的思政教育方案。

第三节 体育课程思想政治教育主阵地——学校

学校不仅是知识的殿堂,更是开展体育课程思想政治教育不可或缺的主阵地。在学校的精心组织与专业引导下,体育课程成为深化学生思想政治教育的重要渠道。通过丰富多彩的体育活动,学校不仅锻造了学生的体魄,更在潜移默化中锤炼了他们的意志,培养了他们的团队协作精神和社会责任感。在这里,每一次奔跑、每一次跳跃,都是对学生品格的磨砺与升华。学校的重要性在于,它利用体育这一独特的教育资源,为学生打造了一个全面提升思想政治素养的宝贵平台。

一、学校对于体育课程思想政治教育开展的重要保障

学校,作为体育课程思想政治教育的坚固堡垒,扮演着举足轻重的角色。学校凭借丰富的教育资源与专业的师资队伍,将思想政治教育巧妙融入体育教学之中,让学生在汗水中感悟团队合作的力量,体验公平竞争的价值,培养坚韧不拔的精神。正是这样的教育环境与理念,使学校在培养学生综合素质、提升思想政治教育水平上,发挥着不可替代的作用。

(一)打造全面的教育环境

学校为体育课程与思想政治教育的融合精心打造了一个全方位、深层次的教育环境。学校作为教育机构,有着明确的教育目标和教学计划,能够系统地规划和实施体育课程中的思想政治教育。

在政策方面,学校高度重视体育与思想政治教育的结合,制定了一系列支持政策,鼓励教师进行跨学科的教学尝试和创新,为两者的融合提供了有力的制度保障。这些政策不仅明确了融合教育的目标和方向,还为教师提供了必要的指导和支持。在资源方面,学校投入大量资金和资源,为体育课程和思想政治教育的融合提供了丰富的教学材料和辅助工具。这包括最新的体育教育器材、多媒体教学资源以及思想政治教育相关的图书和影像资料。这些资源不仅丰富了教学内容,还提升了教学效果,使学生在轻松愉快的氛围中接受全面的教育。此外,学校还配备了先进的体育设施和训练场地,如标准化的运动场、体育馆和各种专业训练设备等,为学生提供了广阔的体育活动空间。这些设施不仅满足了体育教学的需要,也为思想政治教育提供了实践平台,让学生在运动中体验团队合作、拼搏进取的精神。在促进体育课程与思想政治教育融合方面,学校定期组织教师培训,提升教师的跨学科教学能力,使他们能够更好地将体育与思想政治教育相结合。同时,学校还鼓励师生之间的互动与交流,通过举办各类体育活动和比赛,让学生在实践中感受体育精神与思想道德的熏陶。

总之，学校为师生提供了一个全面、优质的教育环境，旨在促进师生的全面发展。在这个环境中，体育课程与思想政治教育的融合得到了充分的体现，使学生在锻炼身体的同时，也培养了良好的思想道德品质。这种全面的教育环境为学生的未来发展奠定了坚实的基础，使他们成为既有健康体魄又有高尚品德的优秀人才。

（二）汇聚专业的师资队伍

学校汇聚了一批专业的体育教师和思想政治教育精英，他们不仅学识渊博，更在教育领域积累了丰富的实战经验。这些教育战线的佼佼者，深谙教育的艺术，能够游刃有余地将思想政治教育精髓，巧妙地融入活力四射、激情澎湃的体育课程中。

这些专业的教师们，通过精心的教学设计和实践，将体育课程与思想政治教育内容有机融合，使学生在锻炼身体的同时，也能够接受到深刻的思想政治教育。他们注重因材施教，根据学生的特点和需求，制订个性化的教学方案，以激发学生的学习兴趣和潜能。为了确保教学质量和效果，学校还定期组织教师们进行业务交流和培训，以提升他们的教学水平和专业素养。同时，学校还建立了完善的教学评估机制，对教师的教学效果进行定期评价，以确保每一位学生都能够得到优质的教育资源和服务。

总之，学校这支专业师资队伍的实践不仅能够丰富思想政治教育的形式和内容，还提高了思想政治教育的实际效果，对学生的全面发展起到了积极的推动作用。

（三）拥有丰富的教育资源

学校所拥有的丰富教育资源，无论是现代化的体育设施、精心编写的教材，还是详尽实用的教学资料，一应俱全。这些资源犹如强大的后盾，为体育课程中的思想政治教育提供了坚实的支撑。

首先，现代化的体育设施为学生们提供了一个实践思政教育的优质平台。在这些设施中，学生们不仅可以通过体育锻炼强身健体，还能在运动中学习团队合作、坚持不懈和勇于挑战的精神，这些都是思想政治教育的重要组成部分。同时，精心编写的教材和全面系统的教学资料，则为学生们提供了深入理解和探索体育与思政教育相结合的途径。教材中不仅包含了丰富的体育知识，还巧妙地融入了爱国主义、集体主义和社会主义核心价值观等内容。通过学习这些教材，学生们能够更加直观地理解思政教育的内涵，并将其应用于实际生活中。此外，教学资料中的各种实际案例和分析，也为学生们提供了从不同角度思考和理解思政教育的机会。这些资料不仅拓宽了学生们的视野，还激发了他们对思政教育的兴趣和热情。

总之，学校的丰富教育资源通过提供实践平台、优质教材和全面教学资料，为体育课程中的思想政治教育提供了全方位、多层次的有力支持。这种支持不仅有助于学生们在体育课程中全面发展，还进一步促进了思政教育深入人心。

（四）保障持续的教育过程

学校教育是一个持续的过程，学生在校期间会接受多年的体育教育。这种持续性的教育过程有助于巩固和深化体育课程中的思想政治教育成果。通过不断地实践和学习，学生可以逐渐形成良好的思想道德品质，为未来的社会发展作出积极贡献。

多年的体育教育意味着学生会在不同阶段反复接触到体育精神、团队合作、公平竞争等思想政治教育元素。这种持续性的接触和实践有助于学生将这些价值观内化为自己的行为准则，形成稳定的道德观念和行为习惯。体育教育不仅关乎身体健康，也影响心理健康。持续的体育教育过程有助于学生形成积极的生活态度和健康的心理状态，这对于思想政治教育的深入度和持久性有着至关重要的影响。身心健康的学生有更大可能积极参与社会活动，承担起社会责任。体育活动中，学生需要学会与他人合作、沟通，并遵守规则。这些技能在未来的社会生活中同样重要。持续的体育教育能够让学生在不断的实践中提升这些社会适应能力，从而更好地融入社会，成为有责任感的公民。体育活动要求学生具备一定的自律性和自我管理能力。通过长期的体育教育，学生可以逐渐培养出自我约束和自我调整的能力，这对于形成良好的思想道德品质具有重要意义。体育竞技中的挑战和竞争能够激发学生的斗志和勇气。在持续的体育教育过程中，学生会面对各种挑战，进而培养出勇于面对困难、敢于接受挑战的精神，这种精神也是思想政治教育中不可或缺的一部分。

总之，学校保障下的持续性的体育教育过程在巩固和深化体育课程思想政治教育方面发挥着重要作用，它有助于学生形成稳定的价值观、促进身心健康、培养社会适应能力、增强自律和自我管理能力以及提升面对挑战的勇气。

综上所述，学校作为体育课程思想政治教育主阵地，具有全面的教育环境、专业的师资队伍、丰富的教育资源和持续的教育过程等优势。这些优势使学校能够在体育课程中有效地开展思想政治教育，帮助学生树立正确的价值观，培养全面发展的人才。

二、学校为体育课程思想政治教育开展创设的场景

（一）课堂教学场景

课堂教学场景与思想政治教育的关系紧密相连，相辅相成。课堂教学场景不仅为学生提供了学习体育知识和技能的平台，更是一个潜移默化中进行思想政治教育的场所。

在体育课程的课堂教学场景中，教师可以通过实践活动、团队合作和竞技对抗，向学生传递积极向上的价值观念和道德观念。这种教育方式远比单纯的理论教学更加生动和有效。例如，在篮球或足球等团队运动中，学生不仅需要掌握传球、射门等技能，更需要在实践中学会与队友沟通、协调和合作。这样的过程自然而然地培养了学生的团队协作精神，让他们明白个人在团队中的价值和责任。同时，教师在课堂教学场景中不断强调体育道德和比赛规则的重要性。他们通过实例演示和讲解，使学生深刻理解遵守规则、公平竞争的意义，从而培养学生的诚信意识和公平竞争观念。这种教育方式不仅有助于学生在体育领域取得成功，更能够影响他们在日常生活中的行为和态度。

总之，课堂教学场景是体育课程思想政治教育的重要载体。通过丰富多彩的教学活动和实践，教师可以在这个场景中有效地传递思政教育内容，使学生在提升体育技能的同时，塑造积极向上的道德观念和人格品质。

（二）训练与比赛场景

学校在组织各类体育训练和比赛时，不仅锻炼了学生的身体素质，更为思政教育提供了宝贵的实践机会。在这些活动场景中，学生能够亲身感受到体育所蕴含的奋力拼搏、坚持不懈的精神内核。

在体育训练和比赛中，教师应该着重强调体育精神，如努力拼搏、永不放弃等，这些精神与思政教育的目标高度契合。通过引导学生亲身体验和践行这些体育精神，教师可以帮助学生培养坚韧不拔的意志品质和积极向上的人生态度。在体育训练和比赛中，学生难免会遇到挫折和困难，教师应该抓住这些机会，引导学生正确面对挫折，勇敢面对困难。通过实际案例和个人经历的分享，教师可以帮助学生认识到，挫折和困难是成长过程中的必经之路，只有经历过这些磨砺，才能更好地提升自己的能力和品质。团体性的体育训练和比赛是培养学生团队合作精神和集体荣誉感的最佳场所。教师应该通过明确团队目标、制订合作计划、设置公平的规则等方式，帮助学生建立起团队协作的意识。同时，通过比

赛中的共同努力和取得的成绩，教师可以引导学生认识到团队合作的重要性，并培养他们的集体荣誉感。在体育训练和比赛中，遵守规则和公平竞争是不可或缺的一部分。教师应该通过讲解规则、示范正确行为等方式，帮助学生树立起规则意识和公平竞争观念。这些观念和意识的形成，有助于使他们成为遵守社会规则、具有公平竞争意识的公民。在体育训练和比赛中，往往会有一些表现突出的学生或团队。教师应该抓住这些榜样，通过宣传和表彰他们的优秀事迹，激励其他学生向他们学习。这种利用榜样力量进行激励教育的方法，可以帮助学生明确自己的目标和方向，激发他们的进取心和奋斗精神。

总之，学校的体育训练和比赛是进行思政教育的宝贵资源。教师应该充分利用这些机会，通过体育精神的强调、面对挫折的教育引导、团队合作与集体荣誉感的培养、规则意识与公平竞争观念的形成以及激励教育的运用等方式，将思政教育融入学生的体育活动中，促进他们的全面发展。

（三）校园体育文化活动场景

学校通过定期举办各类体育文化活动，不仅能够丰富学生的课余生活，提升他们的身体素质，还能在这些活动中巧妙地穿插思政教育，达到寓教于乐的效果。例如，在举办运动会时，学校可以设置一些团队项目，让学生在比赛中深刻体会到团队协作的重要性，培养他们的集体荣誉感和合作精神。同时，运动会上的拼搏和竞争也能激起学生勇往直前的斗志，培养他们面对挑战不退缩的勇气。

在体育知识竞赛中，学校可以将体育知识与思政教育相结合。比如，通过讲述体育明星的奋斗故事，让学生了解到成功背后的艰辛与付出，从而激励他们追求自己的梦想，勇攀人生的高峰。这样的教育方式不仅能够增强学生的学习兴趣，还能在潜移默化中引导他们形成正确的价值观和人生观。此外，学校还可以组织体育主题讲座，邀请体育界的专业人士或优秀运动员来分享他们的经验和见解。通过这些讲座，学生可以更深入地了解体育与社会发展的紧密关系，从而引导他们关注社会问题，培养他们的社会责任感和爱国情怀。

总之，学校通过定期举办各类体育文化活动，并将思政教育元素巧妙地融入其中，不仅能够提升学生的身体素质和知识技能，还能在无形中塑造他们的品格和培养他们的情操。这样的教育方式既生动有趣又富有成效，值得广大教育工作者借鉴和推广。

（四）体育社团与志愿服务场景

学校鼓励学生参与体育社团和志愿服务活动，通过组织如校园环保跑、城市环卫等具有社会意义的活动，引导学生将体育精神与服务社会相结合，深化思政教育的内涵。

在这些活动中，学生以实际行动参与到环保、公益等社会事务中，不仅锻炼了身体，更在心灵深处体会到了服务他人、奉献社会的喜悦和成就感。这种实践经历让他们更加珍视集体利益，培养了集体主义精神，同时也强化了他们的社会公德心。此外，通过这些志愿服务活动，学生能够亲身感受到自己在社会中的价值和作用，从而提高了他们的自我认同感和自尊心。这种积极的情感体验有助于激发他们的学习热情和进取心，进一步促进他们的全面发展。

总之，学校通过鼓励学生参与体育社团和志愿服务活动，成功地将思政教育融入学生的日常生活中，使他们在实践中不断提升自己的思想道德素质。这种寓教于乐的教育方式，不仅让学生乐于接受，更能在潜移默化中达到思政教育的目的。

（五）户外拓展训练场景

学校通过利用丰富的户外环境，为学生组织拓展训练，不仅锻炼了学生的体魄，更在精神层面给予了深刻的熏陶。如攀岩、徒步、野外生存等富有挑战性的项目，成为培养学生勇气、耐力和团队协作能力的绝佳方式。

在这些户外拓展训练中，学生们会遇到各式各样的困难和挑战，如陡峭的岩壁、崎岖的山路、复杂的自然环境等。面对这些难题，教师需要发挥引导作用，鼓励学生勇敢地迎接每一个挑战，帮助他们建立克服困难的信心和决心，逐渐培养出坚韧不拔的精神。同时，户外拓展训练也是增强团队协作能力的大好时机。在共同应对挑战的过程中，学生们需要学会如何与他人沟通、协调和合作，以实现共同的目标。这种实践经验远比课堂上的理论教学来得更加生动和深刻，有助于学生们在未来的生活和工作中更好地融入团队，发挥集体力量。

因此，户外拓展训练不仅是一次身体的历练，更是一次精神的升华。学校应该充分利用这一教育资源，让更多的学生有机会在挑战中成长，在合作中进步，从而培养出更加全面发展的优秀人才。

（六）健康与体育知识讲座场景

学校定期邀请专业人士或体育教师为学生举办健康与体育知识讲座，这一举措对学生的全面发展具有重要意义。在讲座中，专业人士和体育教师通过向学生传授健康知识和科学锻炼方法，帮助他们建立起健康的生活方式，提升身体素质，同时巧妙地融入了思政教育内容，以培养学生的综合素质和爱国情怀。

通过讲座，学生们可以了解到健康的重要性，学习如何合理饮食、科学锻炼，从而养成良好的生活习惯，提高身体素质。同时，专业人士和体育教师在传授知识技能的过程中，可以结合运动员的奋斗故事、国家体育事业的发展历程等内容，激发学生的爱国情怀和集体荣誉感。这种将健康知识、科学锻炼方法与思政教育相结合的教育模式，不仅有助于学生的身体健康，还能促进他们的心理健康和道德品质的提升。学生们在讲座中不仅学到了实用的知识和技能，更在潜移默化中接受了思政教育的熏陶，从而更加珍惜自己的身体健康，更加热爱自己的祖国，更加积极地投身于学习和未来的工作中。

总之，这些讲座能够帮助学生理解体育的深层含义，认识到体育不仅是一种身体活动，更是一种精神追求和人生哲学。通过这种方式，学校将思政教育与体育教育相结合，培养出具有健康体魄、高尚品德和远大理想的学生，为他们的全面发展打下坚实的基础。

（七）校际体育交流场景

学校组织与其他学校的体育交流活动，为学生提供了一个更广阔的舞台，让他们能够在竞技与合作中提升自我，拓宽视野。这些活动不仅锻炼了学生的体育技能，更在人际交往、文化素养等方面给予了他们宝贵的成长机会。

在友谊赛和联合训练等场景中，学生面对的是来自不同学校、不同文化背景的同龄人。在这样的环境下，他们不仅需要运用自己的体育技能，更要学会如何与他人有效沟通、协同作战。这种交流过程自然而然地促进了学生尊重、理解和包容他人的品质形成，同时也加深了他们对团队合作重要性的认识。此外，这些体育交流活动还为学生提供了培养国际视野和跨文化交流能力的机会。在与不同文化背景的同学互动中，学生们开始学会欣赏他人和接纳多样性，他们的思维方式和世界观也因此变得更加开阔。教师在这些活动中发挥着举足轻重的引导作用。他们可以通过精心设计的互动环节，帮助学生深化对团队合作的理解，提升他们的跨文化交流技巧。同时，教师还可以利用这些机会，引导学生反思自我，发现自身的潜力和不足，从而激励他们在未来的学习和生活中不断追求卓越。

总之，组织并开展与其他学校的体育交流活动，不仅能提升学生的体育技能，更能在无形中塑造他们的品格，拓宽他们的视野。这些经历将成为学生宝贵的人生财富，助力他们在未来的道路上走得更远、更稳。

（八）体育节庆活动场景

学校可以设立体育节或运动会等节庆活动，让学生在欢乐的氛围中参与各种体育项目。在这些活动中，可以穿插思政教育环节，如表彰优秀运动员、宣传体育精神等，这样的场景有助于学生更直观地理解体育精神。

学校举办的体育节或运动会，不仅仅是一场简单的竞技活动，更是一场盛大的节日庆典。在这里，学生们可以尽情挥洒汗水，感受运动的快乐，体验青春的激情。在欢乐的海洋中，他们奔跑、跳跃，参与各种体育项目，挑战自我，超越极限。而在这场体育盛宴中，穿插的思政教育环节更是亮点纷呈。优秀运动员的表彰，不仅是对他们辛勤付出的肯定，更是对其他学生的激励。当他们的名字在颁奖台上被响亮地念出，那份荣誉和自豪会深深地感染在场的每一个人。同时，对体育精神的宣传也是活动中的重要一环。通过生动的讲解和实例展示，学生们可以更加直观地理解公平竞争、团结协作等体育精神的内涵。这些精神，不仅仅体现在赛场上的拼搏与协作，更将伴随他们走向社会，成为他们面对未来挑战的强大武器。

因此，体育节或运动会等节庆活动，不仅为学生们提供了展示自我的舞台，更是思政教育的生动课堂。在这里，欢乐与挑战并存，激情与智慧共鸣，学生们在运动中成长，在成长中感悟体育的真谛。

综上所述，学校为体育课程思政教育提供了多样化的场景。这些场景不仅有助于学生的身体健康和体育技能的提升，还能在潜移默化中提高他们的思想道德品质。

三、学校为体育课程思想政治教育开展提供的支撑

（一）制度与政策支撑

学校应出台相关制度与政策，明确规定体育课程必须融入思政教育内容，为体育课程的思政教育提供制度保障。对于那些在体育课程中有效融入思政教育的体育教师，学校可以给予一定的奖励和表彰，从而激励更多的体育教师投入体育课程的思政教育中。

为了全面培养学生的综合素质，学校需出台相关政策，明确将思政教育内容融入体育课程，这不仅体现了学校对学生全面发展的深度关注，更为体育课程中的思政教育环节提供了坚实的政策后盾。思政教育在体育课程中的渗透至关重要，它能够帮助学生在锻炼

体魄的同时，塑造正确的价值观和道德观。为了确保这一教育理念的落地实施，学校为体育课程中的思政教育提供政策层面的支持和保障就显得尤为关键。同时，为了鼓励教师积极响应并践行这一教育理念，学校将对那些在体育课程中巧妙融入思政教育的教师进行表彰。这种正向的激励机制，不仅肯定了教师的创新教学实践，更能进一步激发教师团队的整体热情，促使更多教师投身于体育课程与思政教育的融合工作，为学生的全面发展贡献力量。

总之，学校体育课程中融入思政教育是实现学生全面发展的关键环节。为了实现这一目标，学校不仅需要出台相关政策为其提供保障，还需要通过建立有效的教师激励机制来促进其实施。只有这样，我们才能在锻炼学生的体魄的同时，培养其正确的价值观和道德观，为社会的和谐发展贡献力量。因此，我们应该充分认识到体育课程中思政教育的重要性，积极推动相关政策的制定和实施，从而确保学生的全面发展。

（二）教学资源支撑

学校应投入必要的资金，对体育设施与器材等教学资源进行更新和完善，确保学生能够在安全、专业的环境中进行体育活动。优质的体育教学资源不仅能提升学生的运动体验，还能在潜移默化中培养学生的审美和品质。

学校应投入资金用于体育设施与器材，这不仅包括传统的体育器械和场地设施，还可以引进现代化的体育教学设备，如智能健身器材、运动分析系统等。这些先进的设施能够提供更加安全、专业的运动环境，增强学生们的运动体验。通过改善硬件设施，学校为学生创造了更好的体育锻炼条件，也为思政教育融入体育课程提供了物质基础。学校应精选和编写符合思政教育要求的体育教材和教辅资料。这些教材可以包含体育知识、技能方法以及体育精神、团队协作等内容，旨在培养学生的身心健康和全面发展。通过结合思政教育目标，体育教材可以帮助学生更好地理解体育精神，从而在体育锻炼中实现价值观的塑造。利用现代信息技术，学校可以开发体育教学软件、教学视频等电子教学资源，以及搭建体育教学网站和网络教学平台。这些资源具有直观、生动的特点，能够帮助学生更好地理解体育动作和技巧，同时也能传递思政教育的理念。通过网络平台，学生可以随时随地进行自主学习，教师也可以利用这些资源进行远程指导和互动，从而增强思政教育的效果。

总之，学校通过优化体育设施和器材、丰富体育教材和教辅资料、开发电子和网络教学资源等方面的努力，可以为体育课程思想政治教育提供全面的教学资源支撑。这些措施有助于提升体育课程思想政治教学的质量，促进学生在体育锻炼中实现全面发展。

（三）师资队伍支撑

学校应重视体育教师的培训和发展，提高他们的专业素养和思政教育能力，为体育课程思想政治教育开展提供人力资源的支撑。

首先，加强师资培养与引进。设立体育教育师资培训机构，定期为体育教师提供系统化的培训课程，包括思政教育理论、方法以及体育教学与思政教育的融合技巧。鼓励现有体育教师参加思政教育培训，提升他们的思政素养和教学能力，确保他们能够在体育课程中有效融入思政教育内容。引进具有思政教育背景或经验的体育教师，增强师资队伍的多样性和专业性。其次，完善师资评价与激励机制。建立科学的教师评价体系，将思政教育成果纳入体育教师考核范围。通过学生评价、同行评价和专家评价等多维度评估，全面评价教师的思政教育效果。设立思政教育专项奖励，对在体育课程中表现突出的思政教育工作者给予表彰和奖励，激发教师的工作热情和积极性。再次，加强体育教师间的交流与合作。定期举办体育教学与思政教育研讨会，为教师提供交流经验和分享教学心得的平台，促进教师之间的互相学习和共同进步。与其他学校或机构建立合作关系，开展师资交流活动，拓宽教师的视野，引进先进的思政教育理念和教学方法。最后，为教师提供良好的工作环境和待遇。加大对体育教育的投入，改善体育教学设施，为教师提供良好的工作环境，确保他们能够全身心地投入思政教育中。提高体育教师的待遇，包括薪资、福利等方面，从而吸引和留住优秀的思政教育人才，保持师资队伍的稳定性和活力。

总之，通过以上措施，学校可以为体育课程思想政治教育提供有力的师资队伍支撑，推动思政教育在体育课程中的有效实施。

（四）课程设置与教学改革支撑

学校应适当调整体育课程设置，确保体育课程不仅关注学生的体能和技能训练，还注重思政教育的融入。可以设置一些结合思政教育的体育选修课程，满足学生的多样化需求。学校应鼓励体育教师采用创新的教学方法，如案例教学、情景教学等，以提高学生的学习兴趣和参与度。同时，利用现代信息技术手段，如多媒体教学、网络教学等，丰富教学方法，提升体育课程思政教学效果。

首先，调整体育课程设置。一是要保障必要数量的体能训练和技能培养核心课程，确保学生的基础体育素养得到提升。二是增设结合思政教育的体育选修课程，如"体育与爱国主义精神""体育中的团队协作与集体主义精神"等主题课程，以满足学生对思政教育多样化的需求。在现有的体育课程中，有意识地加入思政教育内容。其次，鼓励教学方法的创新与改革。借用体育界的部分真实案例作为教学材料，让学生在案例分析中感受思政教育的内涵。设定特定的体育情景，让学生在模拟的情境中体验并学习思政知识，如模拟奥运会开幕式的组织过程，培养学生的国家荣誉感和集体责任感。再次，利用现代信息技术手段。运用视频、图片、动画等多媒体资源辅助教学，使思政教育内容更加生动形象，提高学生的学习兴趣。借助网络平台，如学校体育网站或移动应用，定期发布思政教育相关的体育资讯、教学视频等，方便学生随时随地学习。使用在线互动工具，如实时投票、在线讨论等，增加学生的课程参与度，让他们在互动中深化对思政教育内容的理解。

总之，通过上述措施，学校不仅可以确保体育课程关注学生体能和技能训练，还有效融入思政教育，通过创新教学方法和运用现代信息技术手段，提升体育课程思政教学的效果，从而更好地培养学生的全面发展。

（五）校园文化与活动支撑

学校应充分利用校园广播、主题海报以及校园宣传栏，积极传播体育的拼搏精神和思政的深厚理念，以此营造出一个充满正能量的校园体育文化氛围。通过这些多元化的宣传方式，我们期望激发学生对体育的热爱，对思政教育的理解，以及对积极向上的生活态度的追求，为体育课程思想政治教育开展提供校园文化与活动方面的支撑。

首先，加强校园文化建设，营造积极向上的体育氛围。通过校园广播、海报、宣传栏等多种形式，广泛宣传体育精神和思政教育理念，使学生在日常生活中能够接收到积极向上的体育文化信息。在校园文化活动中融入体育元素，如举办体育主题的文化节、体育摄影比赛等，增强学生对体育的兴趣和认同感，同时为思政教育提供丰富的素材和场景。其次，丰富体育活动形式，提供实践思政教育的平台。定期举办各类体育活动和比赛，如运动会、体育知识竞赛等，让学生在参与过程中体验团队协作、竞争拼搏的精神，从而加深对思政教育的理解。鼓励学生参与体育俱乐部和社团活动，通过组织训练、比赛和交流活动，培养学生的自主管理能力和团队协作精神，同时在活动中穿插思政教育内容。每一次的体育活动都是对学生们团队协作能力的一次锻炼，每一次的比赛都是对他们竞争意识的一次提升。

总之，学校应通过加强校园文化建设、丰富体育活动形式等措施，为体育课程思想政治教育开展提供有力的校园文化与活动支撑。

（六）研究与发展支撑

随着教育改革的不断深化，学校体育课程已不再是单一的体能锻炼活动，而是成为培养学生全面发展、塑造健康人格的重要途径。特别是在与思政教育的结合上，体育课程展现出了巨大的潜力和价值。为了进一步挖掘这种潜力并推动教育实践的创新，学校可以积极设立关于体育课程与思政教育融合的研究项目，并鼓励师生共同参与其中。

设立这样的研究项目，不仅能够激发教师和学生的研究热情，更能为探索有效的融合方法提供平台。在研究过程中，教师和学生可以深入探讨如何在体育活动中自然地嵌入思政元素，如何让学生在运动中体验和理解社会主义核心价值观，以及如何通过体育教育培养学生的团队协作精神、竞争意识和社会责任感。同时，学校不应仅限于内部的研究与探索，还应积极参与或组织相关的学术交流活动。通过与其他学校或教育机构的合作与交流，共享各自在体育课程思政教育方面的经验和成果。这种跨校的学术交流不仅能够拓宽教育视野，更能加速先进教育理念和方法的传播与应用。在学术交流中，学校还可以借鉴其他机构的成功案例，避免在教育实践中走弯路。同时，通过分享自己的研究成果和实践经验，也能为整个教育行业的进步作出贡献。

总之，设立研究项目并加强学术交流是推动体育课程与思政教育深度融合的有效途径。通过这些举措，学校不仅可以提升自身的教育水平，而且为学生的全面发展和社会的和谐进步作出积极贡献。

（七）对学生发展的支撑

在体育课程中融入思政教育，是培养学生全面素质的重要环节。然而，学生在思政学习中具有不同的需求和特点，这就要求学校能够提供更加个性化和有针对性的指导。

为了满足学生的不同需求，学校应当实施个性化的指导和辅导策略。对于理论基础薄弱的学生，教师可以提供额外的基础知识讲解，帮助他们构建扎实的思政知识体系。对于对思政内容有浓厚兴趣的学生，教师可以引导他们进行深入研究和讨论，激发他们的思辨能力和创新精神。而对于在体育活动中表现出色的学生，教师可以通过实际案例，将思政教育与体育精神相结合，使他们在锻炼中深刻体会团队合作、坚持不懈等价值观念。同时，为了确保思政教育的有效性和针对性，学校应当建立起完善的学生反馈机制。通过定期的问卷调查、座谈会或个别访谈等方式，收集学生对体育课程思政教育的看法和建议。这些反馈不仅可以帮助教师及时了解学生的学习需求和困惑，还能为教育内容的调整和教育方法的改进提供有力依据。

总之，通过提供个性化的指导和辅导，以及建立有效的学生反馈机制，学校能够不断优化和完善体育课程中的思政教育，使之更加贴近学生的实际需求，从而培养出既具备强健体魄又拥有高尚品德的优秀人才。

综上所述，学校通过制度与政策、教学资源与师资队伍、课程设置与教学改革以及学生发展与支持等方面的支撑，可以进一步推动体育课程思政教育的深入发展，从而提升学生的综合素质和思想道德水平。

第六章

体育课程思想
政治教育的内容

第一节 确定体育课程思想政治教育内容的原则

在确定体育课程思想政治教育的内容时，我们必须认识到这一教育环节对于培养全面发展的人才至关重要。它不仅关乎学生的体育技能提升，更在于塑造其正确的世界观、人生观和价值观。为了实现这一教育目的，我们不仅要考虑教育对象的特点、教育任务的具体要求以及教育过程的客观规律，还必须遵循以下关键原则来精选教育内容。

一、全面性原则

全面性原则是指体育课程思想政治教育内容应涵盖政治认同、家国情怀、文化素养等多方面内容，要围绕这些核心内容进行供给，对学生进行中国特色社会主义教育、中国梦教育、社会主义核心价值观教育、法治教育等，以坚定学生的理想信念和提升高校的育人成效。体育课程思想政治教育是塑造学生全面素质不可或缺的环节，其目的在于通过体育教学活动，潜移默化地引导学生形成正确的价值观念，培养良好的道德情操，以及培养坚韧不拔的意志品质。这不仅对学生的个人成长至关重要，更是培养社会主义建设者和接班人的必然要求。

在确定体育课程思想政治教育内容时，我们必须坚持全面性原则。这一原则要求我们在设计教育内容时，要进行全方位考虑，不仅涵盖体育课程思想政治教育的各个方面，如明确的教育目标、丰富的教学内容、灵活多样的教学方法，还要确保这些内容能够形成一个有机整体，共同作用于学生的全面发展。例如，我们可以设计一堂以团队合作和集体荣誉感为主题的体育课。在教学内容上，通过组织学生进行团队协作的体育活动，如接力赛、篮球比赛等，让学生在实践中感受团队的力量和集体荣誉的重要性。在教学方法上，教师可以采用启发式教学，引导学生自我反思和总结，从而深刻理解团队协作的价值和意义。此外，全面性原则还要求我们注重体育课程思想政治教育内容的时效性和针对性。我们要紧跟时代步伐，不断更新教育内容，使其贴近学生生活，反映社会热点，这样才能更好地引起学生的共鸣和兴趣。例如，可以结合当前社会关注的体育精神、健康生活等话题，设计相关的思想政治教育内容，让学生在关注社会、关爱自身的同时，自然而然地接受思想政治教育。

总之，全面性原则是确定体育课程思想政治教育内容的重要指导原则。只有坚持这一原则，我们才能设计出既全面又深入的体育课程思想政治教育内容，为学生的全面发展奠定坚实基础。

二、适应性原则

适应性原则是指在选择和构建体育课程思政内容时，应确保所选择的内容与体育学科发展相适应，与体育课程的教学内容直接相关。这要求教育者要尊重体育教学的规律与特点，同时考虑到学校体育课程的实际情况和大学生的可接受能力，以确保体育课程思政的顺利开展。体育课程思想政治教育是提升学生综合素养、塑造良好道德品质的关键环节。其目的在于通过体育活动，将思想政治教育融入其中，使学生在锻炼身体的同时，也能在潜移默化中培养正确的世界观、价值观和人生观。

在确定体育课程思想政治教育内容时，我们必须严格遵循适应性原则。这一原则要求教育内容不仅要与学生的年龄、认知水平相适应，还需紧密结合体育学科的特点，确保教育内容的针对性和实效性。具体来说，适应性原则体现在以下几个方面：首先，教育内容要贴近学生的实际生活，符合他们的兴趣爱好，这样才能激发他们的学习热情；其次，教育内容难易程度要适中，既不过于简单，让学生感到无聊，也不过于复杂，导致学生难以理解；最后，教育内容要与体育课程紧密结合，使学生在学习体育技能的同时，也能自然接受思想政治教育。

总之，体育课程思想政治教育内容的确定，不仅关乎学生的身体健康，更在培养学生的综合素质、提高德育水平等方面发挥着不可替代的作用。通过遵循适应性原则，我们可以设计出更加符合学生需求的体育课程思想政治教育内容，为学生的全面发展奠定坚实基础。

三、实践性原则

实践性原则是指要让学生在体育课程中的实际行动中学习和体验。在体育课程中，这不仅仅意味着让学生动起来，参与体育活动，更重要的是通过这些活动，让他们真实感受到某些价值观和道德准则。体育课程本身具有实践性强的特点，因此在确定思政教育内容时，应注重实践环节的设计。通过实践活动，如团队比赛、志愿服务等，让学生在亲身体验中感受思政教育的内涵，从而实现知行合一。

理论源于实践，又决定实践的深度。[1] 实践是教育的追求与目标，课程思政建设的最终落脚点是学生把汲取的"思政观"践行到社会之中，充分发挥课程思政建设的校外延展功能。[2] 体育课程思想政治教育内容的确定，必须严格遵循实践性原则。实践是检验真理的唯一标准，也是深化学生理解和体验思想政治教育的重要途径。通过实践活动，学生能够将理论知识转化为实际行动，从而更好地领悟思想政治教育的内涵。体育课程在培养学生综合素质、提高德育水平方面扮演着举足轻重的角色。它不仅锻炼了学生的体魄，更在潜移默化中塑造了学生的品格，提升了他们的道德水准。因此，在确定体育课程思想政治教育内容时，我们应充分发挥体育课程的实践优势，让学生在运动中感受团队协作的力量，培养坚韧不拔的意志，以及积极向上的生活态度。例如，我们可以组织"红色运动会"等活动，通过设置如"长征接力""渡江侦察"等富有革命历史意义的比赛项目，让学生在亲身体验中感受革命先烈的英勇与牺牲精神。这种寓教于乐的实践方式，不仅丰富了体育课程的内容，也使学生在实际行动中接受了深刻的思想政治教育。

总之，遵循实践原则确定体育课程思想政治教育内容，就是要让学生在运动中真实感受到各种道德和价值观，并通过实际行动来践行这些准则。我们应不断探索和实践，使体育课程在思想政治教育中发挥更大的作用。

四、预设性与发展性相结合原则

预设性与发展性相结合原则是指在选择和确定课程内容时，既要选取那些相对成熟、稳定、科学和正确的体育课程思政教育资源，以确保既定目标的实现；又要主动关注社会发展，为课程内容增加新的、符合社会发展要求以及大学生健康发展需要的课程资源。这样可以增强体育课程思政的社会适应性，使其既符合当前社会的价值观，又能满足学生未来发展的需要。

为确保体育课程思政内容的有效性和前瞻性，必须遵循预设性与发展性相结合的原则。预设性原则要求我们在选择和确定课程内容时，应优先考虑那些经过时间检验、被

---

[1] 张亮亮，陆卫明，郭维刚：《习近平新时代中国特色社会主义思想融入高校体育课程思政建设研究》，《西安体育学院学报》2022年第39期。

[2] 吕钶，邢方元：《我国体育院校课程思政建设的特色优势、实践困局与优化路径》，《沈阳体育学院学报》2022年第41期。

广泛认可且相对成熟、稳定、科学和正确的体育课程思政教育资源，如爱国主义、集体主义、诚实守信等价值观念。结合体育课程的特点，将这些价值观念融入运动项目和活动中。这些资源构成了课程的基础框架，能够确保既定教育目标的实现，为学生提供坚实的思政基础。与此同时，发展性原则强调课程内容应与时俱进，主动关注社会发展趋势，及时将新的、符合社会发展要求以及大学生健康发展需要的课程资源纳入其中，如环保意识、创新精神、公平竞争等，定期更新课程内容，确保其与时代步伐保持一致。这样不仅可以增强体育课程思政的社会适应性，还能使其更加贴近学生的实际需求，从而更有效地促进学生的全面发展。

总之，通过遵循预设性与发展性相结合的原则，我们可以确保体育课程思想政治教育内容既具有稳定性和基础性，又能保持灵活性和时代性。这将有助于培养符合当前社会需求的学生，同时也为他们的未来发展奠定坚实基础。

五、教师主导与学生主体相结合原则

教师主导与学生主体相结合原则是指在体育课程思政教育中要充分发挥教师的主导作用，同时也要尊重学生的主体地位。教师应根据学生的实际情况和需求，有针对性地设计思政教育内容，激发学生的学习兴趣和积极性。同时，要鼓励学生主动参与、积极思考，使他们在学习过程中实现自我教育和自我提升。

在体育课程中融入思想政治教育，对于培养学生的全面素质至关重要。在确定思政教育内容时，应遵循教师主导与学生主体相结合的原则，以确保教育的针对性和实效性。首先，体育教师在体育课程思想政治教育中发挥着主导作用。他们具备专业知识和丰富的教学经验，能够根据学生的实际情况和教育目标，精选和设计思政教育内容。根据学生的年龄、认知水平和身心发展需求，制定合适的思政教育目标，确保教育内容与学生的实际需求相匹配。结合体育课程的特点，选取与运动技能学习相结合、具有思政教育意义的教学内容。运用多样化的教学方法和手段，激发学生的学习兴趣，引导他们在体育活动中主动体验和感悟思政教育的内涵。其次，在确定思政教育内容时，应充分尊重学生的主体地位。学生是体育课程思想政治教育的主体，他们的积极参与和主动思考是教育取得实效的关键。要了解学生的兴趣爱好和身心发展需求，选择能够引发他们共鸣的思政教育内容，使其更加贴近学生的生活实际。通过设计互动性强、参与度高的教学活动，引导学生积极参与体育课程的思政教育过程，让他们在亲身体验中获得成长。此外，还应建立和谐的师生关系，鼓励师生之间多进行交流与互动，使教师能够及时了解学生的思想动态和学习需求，从而调整和完善思政教育内容。

总之，遵循教师主导与学生主体相结合的原则，是确保体育课程思想政治教育有效性的关键。通过精选内容、创新教学方法和完善师生关系，我们可以更好地实现体育课程与思想政治教育的有机融合，为学生的全面发展贡献力量。

综上所述，在选择体育课程思想政治教育内容时，应综合考虑教育目标和任务、体育学科特点、学生实际情况和需求、内容的时代性和发展性以及全面性和实践性等多个方面。这样才能确保所选内容既科学又有效，能够真正达到体育课程思想政治教育的目的。

第二节　体育课程思想政治教育的主要内容

体育课程思想政治教育内容是体育课程思想政治教育系统的核心组成部分，它承载着实现教育目的和任务的重要使命。通过精心选择和安排思政教育内容，并结合创新的教学方法和完善的评价体系，我们可以更好地实现体育课程与思想政治教育的有机融合，为学生的全面发展提供有力支持。思想政治教育内容总是要反映一定社会的经济政治要求，随着社会的经济、政治、文化等方面的变化而进行适当的调整。[1] 现阶段，体育课程思想政治教育内容是在马克思列宁主义、毛泽东思想、邓小平理论、"三个代表"重要思想、科学发展观、习近平新时代中国特色社会主义思想指导下，在社会主义核心价值观、以爱国主义为核心的民族精神和以改革创新为核心的时代精神的基础上建构的，主要包括爱国主义与民族精神、公平竞争与诚实守信、团队协作与集体主义、拼搏进取与意志品质、身心健康与生活态度、社会责任与公民意识以及创新思维与探索精神。

一、爱国主义与民族精神

爱国主义与民族精神是中华民族的宝贵财富，它们在体育思政教育中占据着举足轻重的地位。体育不仅是锻炼身体、提高技能的平台，更是培养爱国情怀和传承民族精神的重

---

[1] 熊建生：《构建"三个面向"的思想政治教育内容体系》，《思想教育研究》2013年第12期。

要载体。将爱国主义与民族精神融入体育教育，对于提高学生的综合素质和国家意识具有深远的意义。

　　爱国主义与民族精神是两个紧密相连的概念，它们在国家发展和民族复兴的过程中起着举足轻重的作用。爱国主义是指个人或集体对祖国的一种积极和支持的态度，揭示了个人对祖国的依存关系，是人们对自己家园、民族和文化的归属感、认同感、尊严感与荣誉感的统一。爱国主义的起源可以追溯到古代，如中国古代的"天下兴亡，匹夫有责"就体现了深厚的爱国情怀。在日常生活中，爱国主义可以体现为对国家法律的遵守，对国家发展的关注，以及在国家需要时挺身而出，如参军报国、参与国家建设等。民族精神是一个民族在长期历史发展过程中形成的共同特质，包括民族意识、民族文化、民族习俗、民族性格、民族信仰等，是一个民族生命力、创造力和凝聚力的集中体现。民族精神是在长期的历史进程和积淀中逐渐形成的，它受到生活习俗、历史文化等多种因素的影响。民族精神在实际生活中可以体现为对民族文化的传承和保护，对民族传统的尊重和弘扬，以及在面对困难时展现出的坚韧不拔和自强不息的精神。爱国主义和民族精神是相互关联、相互促进的。爱国主义是民族精神的核心，它激励着人们为民族的繁荣和国家的富强而奋斗；而民族精神则为人们提供了共同的文化背景和价值观念，使爱国主义得以深厚的文化底蕴为支撑。

　　一方面，在体育课程中，可以设计以爱国主义为主题的体育活动，如"爱国接力赛""保卫祖国"等，让学生在参与活动的过程中感受到为国家和民族奋斗的荣誉感。也可以结合我国体育健儿在国际赛场上的辉煌成就，向学生讲述他们的奋斗历程和为国争光的故事，从而激发学生的爱国情怀。另一方面，可以通过团队合作的体育项目，如篮球、足球等，培养学生的集体主义精神和团队协作能力，让学生在比赛中学会互相支持、共同进退，从而体会到民族精神的力量。也可以将民族传统体育项目如武术、太极拳等融入体育课程，不仅可以锻炼学生的身体，还能让他们更好地了解和传承民族文化，从而培育民族精神。[1] 此外，可结合相关体育项目，向学生介绍我国各民族的文化特色和传统，增强他们对民族文化的认同感和自豪感。

　　总之，爱国主义与民族精神是体育思政的重要元素，它们共同构成了体育思政教育的

---

[1] 李在军，刘美，赵野田：《课程育人：高校体育类专业课程思政特征、难点及应对策略》，《沈阳体育学院学报》2021年第40期。

核心。在体育教育中融入爱国主义与民族精神教育，不仅可以培养学生的国家意识和民族自豪感，还能促进他们的全面发展。因此，我们应该充分利用体育课程这一载体，深入挖掘其思政教育价值，为培养新时代的有为青年贡献力量。

二、公平竞争与诚实守信

在体育思政教育中，公平竞争与诚实守信是不可或缺的重要元素。它们不仅是体育精神的核心，更是塑造学生品格、培养学生社会责任感的关键所在。

公平竞争是体育竞技的基石和重要原则，它要求每个参与者在同等的条件下，凭借自身的实力去争取胜利。这种竞争方式不仅激发了人们的斗志，更培养了大家的团队协作精神和尊重对手的品质。在体育赛事中，我们常看到运动员们互相鼓励、惺惺相惜的场景，这正是公平竞争所带来的积极影响。而诚实守信则是体育竞技中的另一大重要原则，它要求运动员在比赛中遵守规则，不作弊、不欺骗，以真正的实力去赢得比赛。诚实守信不仅关乎个人的道德品质，更影响着整个体育界的声誉和形象。一个诚实守信的运动员，不仅会赢得观众的尊敬，也会为整个体育界树立一个良好的榜样。

在体育思政教育中，我们应该充分强调公平竞争与诚实守信的重要性。一方面，在体育课程中，教师应强调公平竞争的重要性，让学生了解公平竞争的含义。通过组织各种团队竞赛和个人竞技活动，让学生在实践中体验公平竞争，学会尊重规则、尊重对手。教师可以结合体育史上的经典案例，如奥运会等国际赛事中的公平竞争故事，来帮助学生树立正确的竞争观。另一方面，在体育教学中，教师应注重培养学生的诚信品质，强调诚实守信在体育运动中的重要性。教师可以通过设计特定的游戏和比赛，让学生在参与过程中体会诚信的价值，如在比赛中设立诚信监督员，对遵守规则的行为进行记录和表彰。结合体育明星的诚信故事，如运动员在比赛中坚守诚信、拒绝作弊的案例，使学生认识并理解诚信的重要性。此外，还可以通过讲述体育史上的经典案例，让学生深刻理解这两个原则的内涵和价值。同时，我们还应该鼓励学生在日常生活中践行这些原则，将体育精神融入生活的每一个角落。

总之，公平竞争与诚实守信是体育思政的重要元素，它们对于培养学生的道德品质、社会责任感以及团队协作精神具有深远的意义。我们应该深入挖掘在体育课程中实施公平竞争与诚实守信教育的有效途径，促进学生的全面发展。

三、团队协作与集体主义

团队协作与集体主义在体育思政教育中占据着举足轻重的地位。[1] 它们不仅是体育活动的核心精神，也是培养学生社会责任感和团队精神的重要途径。

团队协作和集体主义是两个相互关联且相辅相成的概念。团队协作强调的是团队成员之间的协同合作，共同为实现既定目标而努力；而集体主义则是一种价值观，强调个人与集体的紧密联系，个人利益应当服从集体利益。[2] 在体育运动中，团队协作是取得优异成绩的关键因素。例如，篮球、足球等团体项目，需要队员们默契配合，共同应对比赛中的挑战。通过团队协作，可以发挥出"1+1>2"的效果，提升整个团队的运动表现。体育活动中的团队协作能够帮助学生学会与人沟通、协调和解决冲突。这些技能在日常生活中同样重要，有助于学生未来更好地融入社会和工作环境。在体育活动中，学生需要学会将个人利益置于集体利益之下，这种观念有助于他们成为具有社会责任感的公民。集体主义强调个人与集体的紧密联系，使学生在体育活动中更加注重团队的整体利益。当团队取得成绩时，每个成员都会感受到强烈的集体荣誉感，这种荣誉感能够激励学生为团队作出更大的贡献。

在体育课程中实施团队协作与集体主义教育，需要有明确的教育目标，它包括培养学生的团队协作精神，增强集体荣誉感，以及通过体育活动加深对集体主义价值观的理解和认同。首先，选择适宜的体育项目。可以选择一些需要团队协作的体育项目，如篮球、足球、排球等，这些项目本身就要求团队成员之间的紧密配合；也可以在体育课程中设计需要团队协作才能完成的任务或游戏，如接力赛、团队拔河等，让学生在实践中体会团队协作的重要性。其次，注重教学方法。可以将学生分成若干小组，每个小组内部成员需要相互配合完成教学任务，通过这种方式，可以培养学生的团队合作精神；也可以在体育活动中，让学生扮演不同的角色，如队长、队员等，通过角色的扮演和互换，让学生更好地理解团队协作中不同成员身份的重要性。最后，强化集体荣誉感。可以组织团队之间的竞赛，激发学生的集体荣誉感，让他们为了团队的胜利而努力；也可以设定明确的团队目标，鼓励学生为了达成这个目标而共同努力，从而培养他们的集体主义精神。

---

[1] 陈克正：《新时代高校"体育＋思政"协同融合育人体系的构建》，《思想理论教育导刊》2020年第9期。

[2] 常益，张姝：《健体育魂：大学体育课程的思政教育转向研究》，《体育文化导刊》2018年第6期。

总之，团队协作与集体主义是体育思政中不可或缺的重要元素，它们相互补充、相互促进，共同构成了体育思政教育的核心内容。体育思政通过将团队协作与集体主义相结合，达到了更好的教育效果。在团队协作中培养学生的集体主义精神，不仅使他们在技能上得到提升，更在道德品质上得到锤炼。这种全面的教育方式有助于培养出具备扎实的专业技能、良好的团队协作精神以及集体主义观念的优秀人才。

四、拼搏进取与意志品质

无体育不顽强，无拼搏不体育，体育是一种永不言败、永不放弃的存在。[1] 拼搏进取和意志品质是个人成长和发展中的两个重要方面，在体育思政教育中，拼搏进取和意志品质是两个至关重要的元素。它们不仅体现了体育精神的核心，也是培养学生全面发展、面对挑战不屈不挠的重要抓手。因此，教育者应注重在体育教学中融入这些元素，通过实践活动和理论教育相结合的方式，全面提升学生的综合素质。

在体育思政教育中，拼搏进取和意志品质是相互补充、相互促进的。通过培养学生的拼搏进取精神，可以激发他们内在的动力，使他们更加积极地面对挑战。同时，通过培养意志品质，可以帮助学生在面对困难时拥有坚韧不拔的毅力，从而更好地实现自己的目标。拼搏进取是体育竞技中的核心精神。它鼓励学生不断挑战自我，追求卓越的成绩。在体育活动中，只有不断拼搏，才能在激烈的竞争中脱颖而出，实现自我超越。拼搏进取的精神能够帮助学生培养积极向上的生活态度。无论是在体育场上还是未来的生活中，这种精神都能激励他们勇往直前，不畏困难，积极应对挑战。意志品质是决定个体在困难面前能否坚持到底的关键因素。在体育活动中，经常会遇到各种挑战和困难，具备坚强意志的学生能够更好地应对这些挑战，不轻言放弃。良好的意志品质还包括自我控制和管理能力。在体育运动中，这种能力可以帮助学生保持冷静，即使面对压力也能作出明智的决策，从而更好地掌控比赛和自身情绪。

体育课程思政实施拼搏进取与意志品质的教育需要从明确教育目标、融入体育教学内容、注重教学方法、强化实践体验、结合思政课堂以及完善评价体系等多个方面进行。首先，体育课程思政要明确拼搏进取与意志品质教育的目标。培养学生的拼搏精神，敢于面对挑战，勇于超越自我；锻炼学生的意志品质，使其在困难面前能够坚持不懈，具备坚韧

---

[1] 杨祥全：《铸魂育人：体育课程思政建设的紧迫性与自身优势探究》，《天津体育学院学报》2020年第35期。

不拔的毅力。其次，将拼搏进取与意志品质教育融入体育教学内容中。可以选择具有挑战性的体育项目，如中长跑、攀岩等，通过参与这些项目，学生能够亲身体验到拼搏和坚持的重要性；还可以设计模拟比赛场景，让学生在模拟的竞技环境中感受压力，从而培养他们的拼搏精神和抗压能力。再次，采用多种教学方法来实施拼搏进取与意志品质教育。可以采用激励式教学法，通过设定明确的目标，鼓励学生不断挑战自我，超越个人极限；也可以采取团队合作法，通过团队项目让学生互相鼓励、支持，共同面对挑战，培养集体拼搏精神。最后，在体育课堂上讲解拼搏进取与意志品质的重要性，引入体育界的成功案例，分析运动员是如何通过拼搏和坚韧的意志品质取得成功的，并引导学生进行讨论和反思。

总之，拼搏进取与意志品质是体育思政教育中不可或缺的重要元素。它们不仅体现了体育精神的核心价值，也是培养学生全面发展、勇敢面对挑战的关键所在。因此，在体育思政教育中应充分重视并融入这两个元素，以帮助学生更好地成长和发展。

五、身心健康与生活态度

身心健康与生活态度在体育课程思想政治教育中扮演着非常重要的角色。体育课程思想政治教育不仅关注体育技能和运动能力的培养，更重视通过体育教育引导学生形成积极的生活态度和健康的生活方式。

身心健康与生活态度是体育思政的重要元素，它们相互关联、相互促进。通过体育教育，我们可以帮助学生培养健康的身心状态和积极的生活态度，[1] 为他们的全面发展打下坚实的基础。首先，身心健康是体育思政教育的核心目标之一。体育课教师在教学理念中融入生命至上价值观，首先要提高学生的生命健康意识。[2] 体育教育通过各种运动项目的训练，有助于学生提高身体素质，增强体质，预防疾病，促进身心健康发展。这种健康不仅体现在身体上，也体现在心理上。运动可以帮助学生释放压力，缓解焦虑情绪，增强自信心和自尊心，从而培养健康的心理状态。其次，生活态度是体育思政教育中不可或缺的一部分。体育教育不仅是让学生锻炼身体，更重要的是通过运动培养学生的团队合作精神、

---

[1] 章翔，周刘华，余佳萍，等：《新时代高校公共体育课程思政的目标任务、价值意蕴、建设模式与实践要旨》，《天津体育学院学报》2023年第38期。

[2] 朱丽霞，吴棒：《论马克思主义生命观融入高校体育课程思政的价值意蕴及实践路径》，《武汉体育学院学报》2022年第56期。

竞争意识、自律性以及面对挫折的勇气等。这些品质的形成，有助于学生树立正确的人生观和价值观，形成积极向上的生活态度。一个积极的生活态度可以帮助学生更好地面对生活中的挑战和困难，提高生活质量。

体育课程可以更好地挖掘并融入身心健康与生活态度的思政元素，促进学生的全面发展。首先，强调身体锻炼的重要性。体育课程的核心是身体训练，要通过科学的体育锻炼提高学生的身体素质。体育教师可以结合实例，如优秀运动员的训练故事，来激励学生重视身体锻炼，培养健康的体魄。其次，融入健康知识教育。在体育课程中，体育教师可以穿插讲解运动损伤的预防、营养饮食的重要性等健康知识，从而引导学生形成健康的生活习惯。再次，通过体育活动培养乐观心态。体育活动能够愉悦身心，教师可以通过组织有趣的体育游戏和竞赛，让学生在运动中体验快乐，培养乐观、积极的生活态度。又次，开展主题教育活动。定期组织以身心健康和生活态度为主题的体育活动，如健康知识竞赛、户外拓展训练等，让学生在参与活动中学习和成长。最后，借助多媒体和网络平台。在体育课程中运用与身心健康和生活态度相关的视频、案例等教学资源，丰富教学内容，提高学生的学习兴趣。

总之，将身心健康与生活态度融入体育课程思想政治教育中，有助于提升学生的综合素质，培养他们成为有担当、有责任、有健康生活方式的新一代青年。这不仅对学生的个人成长具有重要意义，也将对社会的和谐发展产生积极影响。

六、社会责任与公民意识

社会责任与公民意识是体育课程思想政治教育的重要元素。在体育课程中融入社会责任与公民意识教育，不仅有助于培养学生的道德品质，还能促进他们的全面发展，为社会的和谐与进步贡献力量。

社会责任与公民意识是两个紧密相连的概念，它们在构建和谐社会、促进社会发展方面起着至关重要的作用。社会责任是指一个组织、企业或个人在商业经营及日常活动中，对社会所承担的义务和责任。这个概念不仅限于企业，对于个人而言，社会责任意味着每个人都需要对自己在社会中的行为负责，需要考虑到自身行为对社会、环境和他人所带来的影响。公民意识是指个体对自己在国家和社会中所处地位及应享受权利和承担义务的自我认识。一个具有良好公民意识的人会积极参与社会公共事务，尊重并维护自己和他人的权利，自觉履行公民义务。在教育领域，特别是在体育课程思想政治教育中，培养学生的社会责任和公民意识至关重要，这不仅有助于他们的个人成长，也对社会的和谐与发展具有积极意义。首先，社会责任是体育课程思想政治教育不可或缺的一部分。体育活动往往需要团队合作和集体努力，这为学生提供了一个实践社会责任的平台。通过参与团队运动，学生能更深刻地体会到个人在团队中的角色与责任，从而学会承担和付出。此外，体育比赛中的公平竞争也要求学生遵守规则、尊重对手，这同样是社会责任的体现。其次，公民意识在体育课程思想政治教育中同样占据重要地位。体育活动为学生提供了一个模拟社会的环境，在这个环境中，学生需要遵守比赛规则、尊重裁判和对手，这有助于培养他们的规则意识和法律意识。同时，体育比赛中的胜负也能激发学生的参与意识和竞争意识，促使他们更加积极地投入社会公共事务中。一个具有强烈社会责任感的公民，必然会积极参与到社会建设中，而一个具有良好公民意识的人，也会更加注重自身行为对社会的影响，从而更好地履行社会责任。

在体育课程中有效地实施社会责任与公民意识教育，有助于提高学生的综合素质和社会责任感，为他们的未来发展奠定坚实的基础。一方面，社会责任的培养。通过体育课程中的团队活动和比赛，强调个人在团队中的角色和责任，让学生意识到自身行为对团队和社会的影响。通过参与体育活动引导学生，关注社会公益和环保问题，如组织公益赛事或为慈善机构筹款等，从而培养学生的社会责任感。另一方面，公民意识的提升。在体育课程中，注重培养学生的规则意识和法律意识，强调遵守比赛规则和体育道德的重要性。通过体育活动中的公平竞争和团队合作，引导学生理解并尊重不同的观点和文化差异，形成积极的公民意识。

总之，将社会责任与公民意识作为体育课程思想政治教育的重要元素，不仅有助于提高学生的道德素养，还能培养他们的团队协作精神、公平竞争意识和法律意识。这样的教育理念有助于学生在未来成为有责任感、有担当的公民，为社会的和谐与发展贡献力量。

七、创新思维与探索精神

创新思维与探索精神是体育课程思想政治教育中的重要元素，它们对于提升学生的综合素质、培养新时代的优秀人才具有重要意义。将创新思维与探索精神融入体育课程思想政治教育，不仅能够丰富课程内容，提升课程的趣味性和实效性，还能够促进学生的全面发展。通过培养具有创新思维和探索精神的学生，为社会输送更多具有创新精神和实践能力的人才，为推动社会的进步和发展作出贡献。

创新思维与探索精神是相辅相成的两种能力，它们在个人发展、学术研究和职业发展中都扮演着至关重要的角色。创新思维是指能够突破传统思维模式，以新颖、独特的方式解决问题或创造新事物的能力。它要求人们敢于挑战现状，不仅满足于既定的答案或方法，而是寻求更加高效、更有创意的解决方案。探索精神则是一种内在的驱动力，它促使人们不断探求新知识、拓展新领域，勇于面对未知和挑战。具有探索精神的人通常对未知充满好奇，愿意投入时间和精力去研究、实验，以期发现新的规律或解决问题的方法。创新思维和探索精神在很多方面都是相互促进的。创新思维为人们提供了新的思考角度和解决问题的方法，而探索精神则是推动人们不断尝试、验证这些新思路的动力。二者共同作用，使人们能够在面对复杂问题时保持灵活和开放的心态，找到更加有效的解决方案。在体育课程中挖掘创新思维与探索精神，并将其与思政教育相结合，是提升学生综合素质和创新能力的重要途径。

首先，创新思维是体育课程思想政治教育中不可或缺的一部分。体育课程不仅是锻炼学生的身体，更是培养学生全面发展的重要途径。在体育活动中，鼓励学生运用创新思维，勇于尝试不同的方法和策略，能够激发他们的创造力，培养他们解决问题的能力。这种创新思维不仅有助于学生在体育领域取得成功，更能够迁移到日常生活和未来的职业生涯中，使他们成为具有创新精神的人才。其次，探索精神也是体育课程思想政治教育中的重要元素。体育课程为学生提供了一个广阔的探索空间，通过参与各种体育活动，学生可以挑战自我、探索未知。这种探索精神能够激发学生的学习兴趣和动力，培养他们勇于尝试、不断进取的品质。在体育思政课程中，教师可以通过设置具有挑战性的任务和活动，引导学生积极探索、勇于实践，从而培养他们的探索精神。

总之，创新思维和探索精神是个人成长和发展的重要驱动力。它们不仅有助于解决具体问题，还能激发人们的创造力和创新精神，推动社会的进步和发展。在体育课程思想政治教育领域，我们应该重视并有效地挖掘和培养学生的创新思维与探索精神。

第七章

体育课程思想
政治教育的载体

第一节　体育课程思想政治教育载体概述

体育课程思想政治教育载体是体育课程与思想政治教育相结合的重要桥梁，对于提升学生的思想品德、培养全面发展的社会主义建设者和接班人具有不可替代的作用。以下是对体育课程思想政治教育载体的含义、作用、特征及其在体育课程思想政治教育中作用的具体阐述。

一、体育课程思想政治教育载体的含义

体育课程思想政治教育载体的涵义是指在体育课程教学中，用于传递思想政治教育内容、引导学生形成正确价值观和道德观念的具体形式和工具。这些载体是连接教育者与学生之间的桥梁，通过它们，教育者能够将思想政治教育的理念、原则和目标融入体育教学中，使学生在学习体育技能的同时，受到思想道德的熏陶和引领。

体育课程思想政治教育载体的核心要素包括体育教学活动设计、体育实践活动、运动训练与指导，体育课程思想政治教育载体可以是教材、教辅资料、课堂教学活动、体育竞赛、团队游戏、角色扮演等多种形式。它们共同构成了体育课程中思想政治教育的重要组成部分，旨在通过身体活动和实践体验，帮助学生树立正确的世界观、人生观和价值观，培养他们的社会责任感、集体荣誉感和良好的道德品质。这些载体不仅丰富了体育课程的教学内容，还使得思想政治教育更加贴近学生的实际需求和兴趣点，提高了教育的针对性和实效性。通过运用这些载体，教育者可以创造一个积极、健康、向上的体育教学环境，为学生的全面发展奠定坚实的基础。

（一）体育教学活动设计

体育教学活动设计是体育课程思想政治教育载体的核心要素之一。在设计体育教学活动时，需要充分考虑如何有效地融入思想政治教育，以达到既锻炼身体又培养品德的目的。以下是设计体育教学活动时应考虑的要素：

1. 明确的教育目标

在设计体育教学活动时，首先要明确思想政治教育的目标，如培养学生的团队协作精神、公平竞争意识、顽强拼搏精神等。这些目标应与体育课程的总体目标相协调，确保学生在参与体育活动的过程中能够接受到全面的教育。

2. 适宜的教学内容

选择具有思想政治教育意义的教学内容，如团队合作项目、竞技性比赛等，这些内容能够直接体现团队协作、公平竞争等思政元素。结合学生的年龄特点和兴趣爱好，选择能够激发学生参与热情的教学内容，从而提高思想政治教育的效果。

3. 注重教学方法的创新

积极研究创新教学方法，采用多样化的教学方法，如情景模拟、角色体验等，让学生在体育活动中亲身体验和感悟。鼓励学生积极参与教学过程，通过小组讨论、案例分析等方式，引导学生主动思考和探讨体育活动中蕴含的思政内涵。

4. 强化实践环节

通过组织丰富多样的体育活动，如运动会、体育竞赛等，让学生在实践中体验和学习各种思政元素。鼓励学生在实践中反思和总结，将思政元素内化为自己的价值观和行为准则。

5. 完善评价机制

建立全面的教学评价机制，将学生的思想道德表现纳入评价范围，以激励学生在体育活动中注重个人品德修养。采用多元化的评价方式，如通过学生自评、互评和教师评价相结合的方式，更加全面客观地评价学生在体育活动中的表现和思想政治素养的提升情况。

综上所述，体育教学活动设计作为体育课程思想政治教育载体的核心要素之一，需要明确教育目标、选择适宜的教学内容、注重教学方法的创新、强化实践环节并完善评价机制。通过这些措施的有效实施，可以更好地将思想政治教育融入体育课程，促进学生的全面发展。

（二）体育实践活动

体育实践活动是体育课程思想政治教育载体的核心要素之一。通过体育实践活动，学生不仅能够锻炼身体，增强体质，还能在参与过程中培养团队精神、竞争意识、责任感以及面对挑战的勇气，这些都是思想政治教育的重要内容。以下是运用体育实践活动作为思想政治教育载体的一些重点培养的思政元素：

1. 团队合作精神的培养

体育实践活动，尤其是团队运动，要求学生之间相互配合，共同为团队的胜利而努力。这样的活动能够培养学生的团队合作精神，让他们学会在团队中发挥自己的作用，为共同目标而努力。

2. 竞争意识与公平竞争

体育活动中的竞技元素能够激发学生的竞争意识，让他们学会在规则内进行公平竞争，追求卓越。这有助于培养学生的积极向上的人生态度和对成功的渴望。

3. 责任感与担当

在体育实践活动中，每个学生都扮演着特定的角色，承担着相应的责任。这样的活动能够让学生意识到自己的责任，并学会承担和履行这些责任。

4. 面对挑战的勇气

体育活动往往伴随着挑战和困难，如对抗、比赛压力等。通过面对和克服这些困难，能够培养学生坚韧不拔的意志和勇往直前的精神。

5. 规则意识与自律

体育活动有着严格的规则和裁判制度，参与体育活动能够培养学生的规则意识和自律精神，让他们学会在规则框架内行事。

6. 身心健康与全面发展

体育活动不仅锻炼身体，还有助于学生的心理健康。通过参与体育活动，学生能够释放压力，增强自信，促进其身心的全面发展。

综上所述，体育实践活动作为体育课程思想政治教育的重要载体，能够通过多种方式促进学生的全面发展，要重点关注他们的团队合作精神、竞争意识、责任感、勇气和规则意识等方面的培养，从而实现思想政治教育的目标。因此，在体育课程设计中，应充分利用体育实践活动这一有效载体，加强思想政治教育，提高学生的综合素质。

（三）运动训练与指导

运动训练与指导作为体育课程思想政治教育载体的核心要素之一，在体育课程思想政治教育中扮演着关键角色。以下是在实际中应用运动训练与指导进行思想政治教育时，需要充分考虑的几个因素：

1. 设定明确的思想政治教育目标

在运动训练开始之前，教师应明确思想政治教育的目标，如培养学生的团队合作精神、公平竞争意识、自我挑战精神等。这些目标应与具体的运动训练项目相结合，确保学生在参与训练的过程中能够自然地接受思想政治教育。

2. 选择合适的运动训练项目

教师可以根据学生的年龄、兴趣和体能水平，选择适合的运动训练项目。例如，团队运动项目如篮球、足球等可以培养学生的团队合作精神和协作能力；个人竞技项目则可以培养学生的自我挑战精神和公平竞争意识。通过不同的运动项目，有针对性地进行思想政治教育。

3. 强化训练过程中的指导与反馈

在运动训练过程中，教师应给予学生实时的指导和反馈。例如，在团队运动中，教师可以引导学生思考如何更好地与队友配合，在比赛中保持冷静和公正等，从而培养他们的团队协作和公平竞争意识。当学生在训练中表现出色时，教师应及时地给予肯定和鼓励，增强他们的自信心和积极性。同时，对于学生在训练中遇到问题和困难，教师也要及时地给予帮助和支持，引导他们勇敢面对挑战，培养坚韧不拔的意志品质。

4. 结合生动案例分析进行教育

教师可以结合体育历史上的典型案例或身边的实例，向学生讲解运动员们不畏困难、团结协作、公平竞争的故事。这些案例能够生动地传递思想政治教育的内涵，激励学生向他们学习。

5. 丰富运动训练活动的形式

除了常规的运动训练外，教师还可以组织一些丰富多彩的体育活动，如趣味运动会、团队拓展训练等。这些活动不仅能够增强学生的体能和技能水平，还能在轻松愉快的氛围中培养学生的团队合作精神和集体荣誉感。

综上所述，通过设定明确的思想政治教育目标、选择合适的运动训练项目、强化训练过程中的指导与反馈、结合案例分析进行教育以及丰富体育活动形式等方式，我们可以有效地在实际中应用运动训练与指导进行思想政治教育。

体育课程思想政治教育载体具有将抽象的思想政治教育内容具体化的功能，让学生通过亲身参与和实践等方式来深刻理解和接受这些观念。这些载体在完成体育课程教学任务的同时，也有助于培养学生的道德品质、社会责任感和集体荣誉感，对于学生的全面发展具有重要意义。总之，体育课程思想政治教育载体是连接体育与思想政治教育的桥梁，它通过具体的教学活动、实践和训练，将正确的价值观念和道德观念传授给学生，从而达到培养全面发展人才的目的。

二、体育课程思想政治教育载体的作用

（一）实现知识与价值观的有机融合

体育课程思想政治教育载体在对知识与价值观进行有机融合上发挥着重要作用。在体育课程中，各种活动、教材和实践不仅传授学生体育运动的知识和技能，还通过这些载体将思想政治教育内容融入其中，使学生在学习运动技能的同时，也接受到价值观的引导和教育。这种融合传授的方式使学生在掌握体育技能的同时，也能够培养出良好的道德品质、团队合作精神以及公平竞争意识等价值观。这些价值观对于学生的全面发展和社会适应能力的培养具有重要意义。以篮球比赛为例，学生在比赛中不仅要学习篮球技巧，如投篮、传球、防守等，还要学会与队友合作，共同制定战术，以及在比赛中遵守规则，尊重对手，具有公平竞争的精神。这些过程都蕴含着丰富的思想政治教育内容，因此，体育课程中的思想政治教育载体通过知识与价值观的融合传授，实现了体育运动与思想政治教育的有机结合，为学生的全面发展提供了有力的支持。

（二）提供失败与成功的场景实践

在体育课程中，提供失败与成功的场景实践是思想政治教育载体的重要作用之一。这些实践不仅锻炼了学生的身体，更在无形中塑造了他们的品格，使他们学会了如何面对挑战、如何从失败中汲取教训以及如何在成功时保持谦逊。当学生在体育活动中遭遇失败时，他们可能会感到沮丧和失望，但正是这些失败的场景，为他们提供了宝贵的成长机会。通过教师的引导和同学的鼓励，他们学会了正视失败，从中寻找自己的不足，并努力改进。这种经历让他们明白，失败并不可怕，重要的是要有勇气面对并积极改进。而在成功的场景中，学生则学会了珍惜和努力。他们明白，每一次的成功都不是偶然的，而是背后无数努力和汗水的结晶，要在成功时保持谦逊，不骄不躁，继续为更高的目标而努力。因此，体育课程中的失败与成功的场景实践，不仅是对学生运动技能的考验，更是对他们思想品质的锤炼。通过这些实践，学生学会了坚韧不拔、勇于面对挑战、珍惜成功并保持谦逊等优秀的思想品质，这些都是他们未来人生道路上宝贵的财富。

（三）沉浸体验社会角色和责任

体育课程思想政治教育载体具有为学生提供沉浸体验社会角色和责任的重要作用。在体育课程中，通过各种活动和实践，学生能够身临其境地体验不同的社会角色和责任，从而加深对社会、集体和他人的认识和理解。在体育活动中，学生往往需要扮演不同的角色，如运动员、队长、裁判、观众等。这些角色不仅要求学生具备相应的运动技能，还需要他们理解并承担起各角色的责任。例如，在篮球比赛中，队长需要领导全队，协调战术，激励队员；裁判则需要公正、准确地执行比赛规则，维护比赛的公平和秩序。这些角色的扮演让学生亲身体验到不同社会角色所承担的责任和义务，从而增强他们的社会责任感和角色意识。体育课程中的实践活动往往强调团队合作和公平竞争，这为学生提供了承担责任的机会。在团队项目中，每个学生都是团队的一员，他们的表现直接影响到整个团队的成绩和荣誉。因此，学生需要认真履行自己的职责，为团队的胜利贡献自己的力量。这种责任的沉浸体验让学生深刻认识到个人行为对集体和社会的影响，从而培养他们的集体荣誉感和社会责任感。体育课程中，通过将社会角色和责任沉浸体验与思想政治教育紧密结合，培养学生尊重他人、遵守规则、公平竞争等社会公德和职业道德，提高团队协作、沟通协调等社会交往能力，树立集体荣誉感和社会责任感等正确的价值观念。这些经历不仅有助于学生在体育领域取得成功，更能够为他们的未来人生道路奠定坚实的基础。总之，通过体育活动中的角色扮演和责任承担，学生能够亲身体验到不同社会角色的责任和义务，从而增强他们的社会责任感和角色意识，为他们社会适应能力的培养提供有力支持。

综上所述，体育课程思想政治教育载体在知识与价值观的融合传授、失败与成功的场景实践以及社会角色和责任的沉浸体验等方面发挥着重要作用。这些载体使体育课程不仅是一门技能课，更是一门关乎学生全面发展的综合课程。

三、体育课程思想政治教育载体的特征

体育课程思想政治教育载体的特征是指该载体在承载和传导思想政治教育过程中所表现出来的独特性质和特点，是我们认识这一教育形式的重要切入点。体育课程思想政治教育载体的特征主要包括以下几个方面：

（一）融合性

体育课程思想政治教育载体能够将思想政治教育的内容与体育知识和技能教学巧妙地

融合在一起。这种融合性使学生在学习和掌握体育技能的同时，也能够接受到思想政治教育，实现知识与思想的双重提升。

体育课程思想政治教育载体的融合性体现在以下几个方面：首先，内容与技能的融合。体育课程不仅仅关注学生的体育技能培养，还将思想政治教育的内容巧妙地融入其中。例如，在团队运动中强调合作精神、在竞技项目中培养拼搏精神、在体育规则学习中宣传法治意识等。这样，学生在学习体育技能的同时，也无形中接受了思想政治教育。其次，过程与方法的融合。在体育课程教学过程中，教师不仅采用体育专业的教学方法，还结合思想政治教育的手段。通过案例分析、角色扮演、小组讨论等方式，使学生在体育活动中体验和感悟思想政治教育的内涵，借助具有融合性的教学方法实现知识传授与价值引领的有机结合。再次，目标与效果的融合。体育课程的目标不仅仅是提升学生的身体素质和运动技能，更重要的是通过体育活动达到培养学生的思想品德、社会责任感和团队协作精神的效果。这种目标与效果的融合使体育课程在实现其专业目标的同时，也达到了思想政治教育的效果。最后，情境与体验的融合。体育课程为学生提供了丰富的情境体验机会。在特定的体育情境中，学生更容易产生情感共鸣和道德认知。例如，在比赛中体验公平竞争的重要性，在团队合作中学会相互尊重和信任。这种情境与体验的融合使思想政治教育更加生动和有效。

总之，体育课程思想政治教育载体的融合性特征使这一教育形式在培养学生体育素养的同时，也能够有效地提升其思想品德和综合素质。这种融合性不仅增强了体育课程的吸引力，也提高了思想政治教育的实效性。

（二）直观性

与其他理论课程相比，体育课程中的思想政治教育载体更加直观。通过体育活动和实践，学生可以亲身感受和体验到团队合作、公平竞争、坚持不懈等价值观的实际意义，这种直观性使思想政治教育更加生动和易于理解。

体育课程中的思想政治教育载体的直观性主要体现在以下几个方面：首先，身体力行的体验。在体育课程中，学生不仅通过听讲和阅读来学习，更重要的是通过身体活动来亲身体验。例如，在团队运动中，学生需要亲身实践才能理解团队合作的重要性；在竞技项目中，学生需要亲身参与才能体会到公平竞争的价值，这种身体力行的体验使思想政治教育更加生动和具体。其次，情景模拟的实效。体育课程为学生提供了丰富的情景模拟机会。在特定的体育情境中，学生可以模拟社会生活中的各种角色和情境，如领导者、团队成员、对手等。通过这种情景模拟，学生可以更加直观地理解和体验到团队合作、公平竞争、坚持不懈等价值观的实际意义。再次，即时反馈的调整。在体育课程中，学生的行为和表现往往会得到即时的反馈。例如，在比赛中，学生的表现会直接影响到团队的胜负；在训练中，学生的努力程度会直接影响到技能的提升。这种即时反馈使学生能够更加直观地看到自己的行为和表现与学习目标之间的关系，从而及时调整自己的行为和态度。最后，情感共鸣的强化。体育课程中的活动往往能够引发学生的情感共鸣。例如，在团队胜利时，学生会感受到团队合作带来的喜悦和成就感；在比赛失利时，学生会体会到坚持不懈和努力拼搏的重要性。这种情感共鸣使思想政治教育更加深入人心，易于被学生理解和接受。

总之，体育课程中的思想政治教育载体具有更加直观的特点。通过体育活动和实践，学生可以亲身感受和体验到团队合作、公平竞争、坚持不懈等价值观的实际意义。这种直观性使思想政治教育更加生动、易于理解，并且能够更好地引导学生将所学知识转化为实际行动。

（三）体验性

体育课程思想政治教育载体强调学生的亲身体验。学生在参与体育活动的过程中，不仅锻炼了身体，也在实践中体验和领悟了思想政治教育的内涵。这种体验性有助于学生深化对思想政治教育内容的理解和认同。

体育课程思想政治教育载体的体验性体现在以下两个方面：首先，情境融入，情感共鸣。体育课程为学生提供了丰富的情境体验，在特定的体育情境中，学生更容易融入其中，产生情感共鸣，使思想政治教育更加深入人心。比如，在比赛中取得胜利时，他们会感受到团队合作带来的喜悦和成就感；在面对挑战和困难时，他们会体会到坚持不懈和努力拼搏的重要性。其次，内化于心，外化于行。通过亲身体验，学生能够将思想政治教育的内涵内化于心，进而外化于行。他们在体育活动中领悟到的团队合作、公平竞争、坚持不懈等价值观后，进而会转化为他们在日常生活中的实际行动。

总之，体育课程思想政治教育载体的体验性特征使这一教育形式更加生动、有效。这种体验性使思想政治教育更加贴近学生的实际生活，更加易于被学生接受和认同。不仅能够提升学生的身体素质和运动技能，更重要的是能够培养他们的思想品德和综合素质。

（四）互动性

体育课程中的思想政治教育载体通常具有高度的互动性。学生在体育活动中需要与他人进行交流和合作，这种互动性不仅增强了学生的学习兴趣和参与度，也促进了学生之间的相互影响和学习。

体育课程中的思想政治教育载体具有显著的互动性特点，这种特点直观且深刻地体现在以下几个方面：首先，在体育活动中，学生们需要频繁地与他人进行交流和合作。无论是团队运动中的传球、接力，还是集体战术的制定与执行，都需要学生们之间建立起沟通的桥梁。这种实时的互动不仅增强了课堂的活力，也使思想政治教育更加贴近学生的实际生活。其次，互动性在体育课程中促进了学生们之间的相互影响和学习。在共同追求团队目标的过程中，学生们会不自觉地模仿和学习他人的优点，同时也会反思并改进自己的不足。这种基于实践的相互学习，远比单纯的课堂讲授更加生动和有效。最后，互动性还极大地提升了学生们的学习兴趣和参与度。与传统的单向传授不同，互动性的教学方式鼓励学生们积极参与、主动思考，从而使他们在享受体育乐趣的同时，也潜移默化地接受了思想政治教育。

总之，体育课程中的思想政治教育载体的互动性特点，不仅丰富了教学内容和形式，也极大地提高了教学的实际效果和学生的参与体验感。

（五）潜移默化性

思政元素融入体育教学，绝非仅仅怀抱"拿来主义"的心态，而是要采用灵活多样、潜移默化的形式，并利用幽默、风趣、富时代感的语言让学生沉浸于喜闻乐见的教学形式中，才能满足大学生多样性、多层次、多方面的精神心理需求。❶体育课程思想政治教育载体的影响往往是潜移默化的。通过长期的体育活动参与和体验，学生会在不知不觉中受到思想政治教育的影响，形成良好的道德品质和价值观。

体育课程思想政治教育载体的潜移默化性特点体现在以下几个方面：首先，在长期的体育活动参与中，学生们会在不知不觉中接受到思想政治教育的熏陶。无论是团队合作中的互助与奉献，还是竞技比拼中的坚持与拼搏，都蕴含着丰富的思想政治教育元素。这

---

❶ 王小安，吴欣，卢大学，等：《思想政治教育元素融入高校公共体育教学的价值阐释与路径创新》，《武汉体育学院学报》2023 年第 57 期。

些元素在学生们参与体育活动的过程中，自然而然地渗透进他们的思想和行为中，产生深远的影响。其次，体育课程中的思想政治教育载体通过实践和体验的方式，让学生们在实际行动中感受到思想政治教育的力量。与传统的课堂讲授相比，这种实践和体验的方式更加生动、具体，也更容易被学生们所接受和内化。学生们在运动中学会尊重规则、尊重对手，也在运动中体验到团队合作的重要性，这些都是思想政治教育的重要内容。最后，通过长期的体育活动参与和体验，学生们会逐渐形成良好的道德品质和价值观，如诚信、责任、担当等。这些品质和价值观的形成，往往是在学生们不自觉的情况下发生的，但却会对他们的成长和发展产生深远的影响。

总之，体育课程中的思想政治教育载体的潜移默化性特点，使思想政治教育更加深入人心，也更加有效地促进了学生们的全面发展和成长。

综上所述，体育课程思想政治教育载体的特征包括融合性、直观性、体验性、互动性和潜移默化性。这些特征共同构成了体育课程在思想政治教育方面的独特优势，有助于学生在全面发展中形成良好的思想道德品质。

第二节　体育课程思想政治教育的常见载体

事物的发展都离不开一定的条件，体育课程思政建设也不例外。❶ 在体育课程中，思想政治教育的载体形式是多种多样的，这些载体形式不仅丰富了教学内容，也提高了思想政治教育的有效性和吸引力。以下是一些常见的体育课程思想政治教育载体形式：

一、体育课堂教学与实践活动

在实际的体育课堂教学中，我们可以巧妙地将思想政治教育融入技能学习和体能训练中，使学生在提升身体素质的同时，也能在思想道德上得到熏陶和提升。以下是一些具体的实施方法：

---

❶ 王秀阁：《关于"课程思政"的几个基本问题——基于体育"课程思政"的思考》，《天津体育学院学报》2019年第34期。

首先，利用团队合作游戏，培养学生的团队合作精神。团队合作是体育活动中不可或缺的一部分，也是思想政治教育的重要内容。我们可以通过设计一些需要团队合作才能完成的游戏，如接力赛、拔河比赛等，让学生在游戏中体验到团队合作的重要性，为团队的胜利贡献自己的力量。通过这样的实践，学生可以深刻体会到团队的力量，学会与他人合作，共同解决问题。其次，通过技能挑战，锻炼学生的竞争意识和坚持不懈的品格。在体育课堂中，我们可以设置一些技能挑战项目，如篮球投篮比赛、足球射门比赛等。这些挑战项目不仅可以锻炼学生的体能和技能，还能培养他们的竞争意识和坚持不懈的品格。在挑战中，学生需要不断尝试、不断突破自己的极限，才能取得更好的成绩。在这个过程中，他们会学会如何面对失败、如何从失败中吸取教训并寻求新的突破，这样的实践经历对于学生未来的成长和发展具有重要意义。最后，将思想政治教育融入体能训练中，培养学生的意志力和自律精神。体能训练是体育课堂的重要组成部分，也是锻炼学生意志力和自律精神的有效途径。在体能训练中，我们可以设置一些需要克服困难和挑战的项目，如长跑、攀岩等。这些项目需要学生付出较大的努力和坚持才能完成，从而培养他们的意志力和自律精神。同时，在体能训练过程中，教师还可以引导学生学会合理安排训练计划、控制自己的情绪和行为等，进一步提升他们的自律能力。

总之，通过实际的体育课堂教学，我们可以将思想政治教育巧妙地融入技能学习和体能训练中。利用各种体育实践活动来培养学生的团队合作精神、竞争意识和坚持不懈的品格。这样的教学方式不仅可以提升学生的身体素质和运动技能，还能在思想道德上对他们进行有效的引导和培养。

二、体育教材和教辅资料

体育教材和教辅资料中穿插体育人物故事、体育道德案例等，可以作为思想政治教育的有力支撑。这种做法不仅丰富了教材内容，提高了学生的学习兴趣，还能够在潜移默化中对学生进行思想品德教育，促进其全面发展。具体来说，这种做法的重要性体现在以下几个方面：

首先，体育人物故事，尤其是那些具有正面影响力和教育意义的故事，能够激励学生树立正确的价值观和人生观。例如，介绍中国女排的拼搏历程和爱国精神，可以激发学生的爱国情怀和集体主义精神，鼓励学生勇敢面对挑战，坚持不懈地追求自己的目标。通过生动的情节和具体的人物形象，使学生在阅读过程中产生共鸣，从而受到深刻的思想教育。其次，体育道德案例是体育领域中的真实事件或情境，它们涉及体育精神、公平竞争、诚实守信等方面的问题。将这些案例穿插到教材和教辅资料中，可以使学生了解体育道德的内涵和要求，明确自己在体育活动中的行为准则。通过分析和讨论这些案例，学生可以学会正确面对体育竞争中的压力和挑战，在追求胜利的同时保持良好的道德风尚。这种示范作用有助于培养学生的道德意识和责任感，使其在体育活动中展现出高尚的道德品质。最后，传统的体育教材和教辅资料往往侧重于技能训练和体能提升方面的内容，而忽视了思想品德教育的重要性。在其中穿插体育人物故事和体育道德案例后，教材内容变得更加丰富多彩、生动有趣。这些故事和案例不仅能够吸引学生的注意力，提高他们的学习兴趣，还能够使学生在轻松愉快的氛围中接受思想品德教育。这种寓教于乐的教学方式有助于增强学生的学习效果，促进其全面发展。将思想政治教育融入体育教学中，是实现立德树人根本任务的重要途径之一。通过将体育人物故事和体育道德案例穿插到教材和教辅资料中，可以促进思想政治教育与体育教学的有机结合，不仅有助于提高学生的身体素质和运动技能水平，还能够使学生在体育活动中受到深刻的思想品德教育熏陶和影响，从而实现德智体美劳全面发展的教育目标。

总之，在体育教材和教辅资料中加入体育人物故事、体育道德案例等做法具有重要意义。它不仅能够激励学生树立正确的价值观和人生观、培养高尚的道德品质，还能够丰富教材内容、提高学生的学习兴趣，促进思想政治教育与体育教学的有机结合，实现全面育人的教育目标。

三、体育竞赛与运动会

大规模的体育赛事蕴含丰富的教育资源，尤其是国际大型综合体育赛事中获得奖牌时的升国旗、奏国歌、颁奖庆典仪式等，都含有爱国主义、集体荣誉等社会主义核心价值观内容，是教育资源的重要元素。❶ 校内外的体育竞赛和运动会是进行思想政治教育的重要场合，这些活动不仅为学生提供了展示体育才能的平台，更是培养他们公平竞争意识、"胜不骄、败不馁"态度以及团队合作精神的绝佳机会。

竞技体育所彰显的内在精神，鼓舞着国人激昂高涨的爱国热情，是促进一个国家和民

---

❶ 刘叶郁，杨国庆：《我国体育课程思政研究的政策引领、内容检视与发展方向》，《西安体育学院学报》2022年第39期。

族不懈努力和奋进的重要动力。[1] 在竞赛中，学生们亲身体会到公平竞争的体育精神。他们意识到，只有遵守规则、尊重对手，才能获得真正的胜利。这种公平竞争的意识不仅适用于体育赛场，更是他们未来生活和工作中不可或缺的品质。同时，体育竞赛也是锻炼学生"胜不骄、败不馁"态度的绝佳机会。在比赛中，学生们会经历胜利和失败的起伏。胜利时，他们学会保持谦逊和冷静，不骄傲自满；失败时，他们学会接受挫折，从中吸取教训，为下一次的挑战做好准备。这种坚韧不拔的精神将使他们更加勇敢地面对生活中的各种挑战。此外，团队合作精神在体育竞赛中也得到了充分的体现。学生们需要相互协作、共同努力，才能取得团队的胜利。在这个过程中，他们学会了如何与他人沟通、如何分担责任、如何共同解决问题等。这种团队合作精神不仅适用于体育赛场，更是他们未来在其他任何团队中取得成功的重要基础。

因此，我们应该充分利用校内外的体育竞赛和运动会这一重要场合，对学生进行思想政治教育。通过竞赛活动，培养他们的公平竞争意识、团队合作精神等，为他们的全面发展奠定坚实的基础。同时，学校和社会也应该为这些学生提供更多的竞赛机会和平台，让他们在实践中不断成长和进步。

四、校园文化与体育活动

校园氛围对学生强健体魄和培育人格具有潜移默化的影响，校园是全面推进体育课程思政建设的重点场所。[2] 校园体育文化节、运动会开幕式等校园文化活动是展示体育精神、进行爱国主义和集体主义教育的绝佳时机。这些活动不仅为学生们提供了一个展示体育才能和团队精神的舞台，更是一个深入进行思想品德教育的平台。

在体育文化节和运动会开幕式上，学生们可以通过各种形式的体育表演和竞赛，充分展示他们的体育精神和才艺。这些活动不仅锻炼了学生们的身体素质，更培养了他们的团队协作能力、竞争意识和拼搏精神。通过这些活动，学生们也可以更加深入地理解体育精神的内涵，学会在比赛中尊重对手、遵守规则，并且以积极的心态面对胜利和失败。更重要的是，这些校园文化活动也是进行爱国主义和集体主义教育的绝佳机会。在开幕式上，

---

[1] 赵富学：《习近平新时代体育强国思想的马克思唯物主义立场及价值引领》，《武汉体育学院学报》2019年第53期。

[2] 王清梅，钱俊伟：《我国高校体育课程思政建设价值、困境与优化路径》，《体育文化导刊》2023年第6期。

学生们可以通过升国旗、奏国歌等仪式，亲身体会到祖国的伟大和集体的力量。同时，各种团队表演和竞赛也可以让学生们更加深刻地意识到，只有团结协作、共同努力，才能取得更大的成功。这种集体主义精神不仅适用于体育活动，更可以贯穿到学生们的学习和生活中，成为他们不断前进的动力。

因此，我们应该充分利用校园体育文化节、运动会开幕式等校园文化活动，深入进行体育精神、爱国主义和集体主义教育，从而使学生们更加全面地发展，成为具有高尚品德、强健体魄和全面才能的新时代青年。

五、角色扮演与模拟情境

在体育课程中设计角色扮演游戏或模拟体育场景，是一种创新且有效的教学方法，能够让学生在参与中亲身体会和学习道德决策与团队协作的重要性。

首先，可以根据体育课程的教学目标和内容，选择适合的角色扮演主题。例如，可以设计一场模拟运动会、足球赛的游戏，让学生在游戏中扮演运动员、教练、裁判等角色。在游戏开始前，明确每个角色的职责和任务。如运动员需要遵守比赛规则，努力争取胜利；教练需要制定战术，指导运动员；裁判则需要公正执法，维护比赛秩序等。通过这样的角色分配，让学生深入理解每个角色在团队中的作用和价值。并在游戏中设置一些道德决策的情境，如面对对手的犯规行为、队友的失误或关键时刻的选择等。让学生在这些情境中作出决策，并讨论他们的选择对比赛结果和团队氛围的影响。通过这样的体验，学生可以更深刻地理解道德决策的重要性。游戏结束后，组织学生进行总结与反思。讨论游戏过程中的得失、团队合作的经验和教训，以及道德决策的影响等。通过反思，学生可以巩固所学知识，提升道德素养和团队协作能力。其次，利用学校的体育设施和资源，模拟真实的体育比赛场景。例如，可以建设篮球场、足球场或田径跑道等，让学生在实际环境中进行训练和比赛。根据模拟场景的特点和教学目标，设定合理的比赛规则。这些规则应既符合体育运动的基本规律，又能够体现出团队协作和道德决策的重要性。将学生分成若干个小组，每个小组代表一个团队进行竞赛。在竞赛过程中，鼓励学生相互协作、共同进步，同时遵守比赛规则，尊重对手和裁判。在模拟体育场景中，重点关注对团队协作的训练和培养。通过团队合作完成任务、共同面对挑战等方式，提升学生的团队协作能力和集体荣誉感。最后，在设计角色扮演游戏或模拟体育场景时，必须确保学生的安全，提前检查场地设施，做好安全防护措施，并对学生进行必要的安全教育。让学生充分参与游戏或场景模拟过程，通过亲身体验来学习道德决策和团队协作的重要性，避免单纯的说教和灌输式教学。在此过程中，应及时给予学生反馈和指导，帮助他们发现自己的不足和需要改进的地方，以便更好地提升学生素质。

总之，通过设计角色扮演游戏或模拟体育场景来进行体育课程教学，是一种富有创意和实效的教学方法。它不仅能够让学生在参与中体验和学习道德决策和团队协作的重要性，还能够提升他们的体育素养和综合素质。

六、户外拓展训练与活动

学校可以结合地方的实际条件，充分挖掘和开发具有地域特色的户外体育项目。[1] 户外拓展训练与活动，如攀岩、徒步、野外生存等，是培养学生勇气、耐力和自我挑战精神的绝佳途径。这些活动不仅让学生走出教室，接触大自然，更是在实际体验中锻炼他们的身心素质。

在攀岩过程中，学生需要克服对高度的恐惧，学会控制呼吸，寻找稳定的支撑点。每一步的攀升都需要他们付出极大的勇气和努力，而到达顶点时那种成就感也是无法用言语表达的。这种体验让他们明白勇气和决心的重要性。徒步活动则是对学生耐力和意志的考验。长时间的行走，可能会让他们感到疲惫和不适，但正是这些困难，让他们学会了坚持和不放弃。当他们走完预定的路线，回望来时的路，那种满足感和自豪感会油然而生。野外生存活动更是对学生综合能力的挑战。他们需要在陌生的环境中找到食物和水源，学会搭建简易的住所，甚至可能要面对一些突发的危险情况。他们需要充分发挥自己的智慧和团队协作能力，才能在野外生存。

通过这些户外拓展训练活动，学生可以亲身体会到面对困难时的无助与挣扎，以及克服困难后的成就感。这种体验比任何说教都更能深入他们的内心，有助于增强他们的心理素质和抗挫折能力。当他们未来再遇到困难和挑战时，他们会更加勇敢地去面对。

七、健康教育与讲座

青少年是国家的未来和希望，其体质健康水平既是社会生产力的组成部分，也是未来综合国力的重要体现。[2] 定期举办健康教育和讲座是一种非常有效的提高学生健康意识、引

[1] 张一弛，张萍：《中华体育精神融入体育课程思政探究》，《体育文化导刊》2023年第11期。
[2] 曲鲁平：《我国青少年体质健康促进模型构建与运动干预研究》，人民体育出版社，2021，第8页。

导他们形成正确生活方式和价值观的方法。邀请专业人士来讲解运动与健康的关系、营养知识等，可以让学生更加深入地了解健康的重要性，并学会维护自己的身体健康。

在这些讲座中，专业人士可以通过生动的案例、有趣的互动和深入浅出的讲解，向学生传授关于运动和健康的知识。他们可以解释运动对身体健康的重要性以及不同运动对身体的益处等，并提供合理的运动安排。同时，他们还可以讲解营养知识，帮助学生了解均衡饮食的重要性，并养成良好的饮食习惯。通过健康讲座和活动，学生可以更加直观地感受到健康的重要性，并逐渐形成正确的生活方式和价值观。他们会开始注重自己的身体健康，积极参与运动，选择健康的食物，并养成良好的作息习惯。这些习惯不仅对他们的身体健康有益，还会对他们的心理健康和社会适应能力产生积极的影响。

因此，学校应该定期举办健康教育和讲座，为学生提供更多学习健康知识和实践的机会。同时，学校还可以结合实际情况，开展各种形式的健康教育活动，如健康知识竞赛、运动挑战赛等，以更加生动有趣的方式提高学生的健康意识和参与度。

八、体育主题艺术作品创作

以体育为主题进行艺术作品创作，如绘画、摄影、雕塑等，这不仅是艺术表达的方式，也是体育课程中进行思想政治教育的重要载体。鼓励学生通过体育为主题进行艺术作品创作，将自己对体育的理解和感悟以艺术的形式表达出来，从而加深对体育精神和价值观的认识。

通过艺术创作，学生能够更深入地体验和理解体育中的情感、努力和团队精神，这些元素与思想政治教育中的价值观紧密相连。艺术作品可以成为传递正能量、弘扬体育精神和培养良好品德的桥梁。艺术作品以视觉化的形式展现体育精神和价值观，使学生更容易理解和接受。相比传统的说教方式，艺术作品更具吸引力和感染力，能够更直观地传达思想政治教育的核心理念。鼓励学生以创新的方式表达自己对体育的理解和感悟，培养了他们的创新思维和实践能力。在实际操作和创作过程中，学生能够将理论知识转化为实际行动，加深对思想政治教育的理解和认同。艺术作品创作允许学生以多样化的形式表达自己的观点和感受，体现了教育的多元化和包容性。通过欣赏和评价不同风格的艺术作品，学生可以学会尊重差异、理解多样，这与思想政治教育中倡导的平等、尊重等价值观相契合。艺术作品作为学生创作成果的实物体现，可以长期保存并作为教育资源的一部分，持续发挥思想政治教育的作用。通过展示和分享艺术作品，可以激发更多学生对体育和思想政治教育的兴趣和参与热情。

因此，将艺术作品创作作为体育课程思想政治教育的一部分，不仅丰富了教育内容和方法，还提高了教育的有效性和吸引力，有助于培养具有高尚品德和全面发展能力的新时代青少年。

九、校园体育媒体与宣传

利用校园广播、电视、报纸等媒体平台来传播体育赛事、体育知识和体育精神，也是一种有效的思想政治教育方式。这些媒体平台在日常校园生活中扮演着重要角色，能够持续地向学生传递积极向上的信息，潜移默化地培养他们的品德和价值观。

通过校园广播和电视定期播报校内外的体育赛事，让学生及时了解比赛结果和精彩瞬间。播报中可以穿插运动员的奋斗故事和团队精神，强调体育竞技中的坚持和努力等体育精神。在校园报纸或电视节目中开设专栏，介绍体育运动的基本知识、训练方法和健康益处。通过知识问答、专家访谈等形式，增加学生对体育的兴趣和了解。利用媒体平台宣传体育精神，如公平竞争、团队合作、勇于挑战等。通过播报体育新闻和故事，展示运动员的拼搏精神和良好品德，激励学生向他们学习。在播报体育赛事和宣传体育知识时，融入思想政治教育的元素，通过解读体育赛事中的精神内涵，引导学生思考并践行相应的价值观。鼓励学生通过校园媒体平台分享自己的体育经历和感悟，增强他们的参与感和归属感。设立体育相关的互动环节，如投票选举最佳运动员、征集体育口号等，提高学生的积极性和参与度。

通过这些媒体平台的持续播报和宣传，学生可以在日常生活中不断接触到积极向上的体育信息，受到思想政治教育的熏陶。这种方式既丰富了校园文化生活，又有效地促进了学生的全面发展。

综上所述，体育课程思想政治教育的这些常见载体能够相互补充，共同构成一个多维度、全方位的体育课程思想政治教育体系。教育者应根据实际情况和教学目标，灵活选择和运用这些载体，创造出更具特色的体育课程思想政治教育模式，以提高思想政治教育的实效性。

参考文献

[1] 赵富学,黄桂昇,李程示英,等."立德树人"视域下体育课程思政建设的学理释析及践行诉求[J].体育学研究,2020,34(5):48-54.

[2] 陈万柏,张耀灿.思想政治教育学原理[M].2版.北京:高等教育出版社,2007.

[3] 武冬.体育课程思政原理、设计、问题研究[J].北京体育大学学报,2022,45(6):12-24.

[4] 郭建斌.思想政治教育学学科建设的回顾与展望[J].湖北社会科学,2023(12):23-31.

[5] 郑永廷,徐建军.大学生思想政治教育理论与实践[M].北京:高等教育出版社,2009.

[6] 邱伟光.课程思政的价值意蕴与生成路径[J].思想理论教育,2017(7):10-14.

[7] 董翠香,樊三明,朱春山,等.从认识到实践:高校体育教师课程思政教学问题聚焦与消解策略[J].武汉体育学院学报,2022,56(5):5-12,38.

[8] 胡德平.体育课程思政的理论内涵、内容体系与建设路径[J].武汉体育学院学报,2022,56(5):13-21.

[9] 毛泽东.毛泽东选集 第一卷[M].2版.北京:人民出版社,1991.

[10] 常益,张守伟.高校公共体育课程思政的价值意蕴、目标指向及实践路径[J].北京体育大学学报,2021,44(9):24-32.

[11] 张洋,张泽一,魏军.高校体育课程思政:育人特性、实践样态与行动方略[J].体育文化导刊,2022(3):104-110.

[12] 刘纯献,刘盼盼.体育课程思政的内容、特点、难点与价值引领[J].体育学刊,2021,28(1):1-6.

[13] 徐成立,罗秋兰,孙军,等.高校体育课程思政建设现实困境与优化策略[J].体育文化导刊,2021(9):98-104.

[14] 周启迪,王殿玺,刘佳.新时代学校体育课程思政何以促进高中生全面发展——多重中介效应分析[J].沈阳体育学院学报,2024,43(2):23-30.

[15] 赵富学,李林,丰涛,等.体育课程思政建设的内生素材向优质案例转化研究[J].体育学研究,2022,36(6):78-87.

［16］王坤,陈国壮.高校公共体育课程思政元素内容体系构建与项群化应用——以上海交通大学为例[J].体育学刊,2024,31(1):103-109.

［17］王慧莉,吕万刚.表现性评价在体育课程思政建设中的应用研究——以体育教育专业体操类专项课程为例[J].体育学刊,2022,29(1):103-110.

［18］周生旺,程传银,李洪波.身体在场与生命意蕴:深度体育教学的价值诉求与实践创生[J].天津体育学院学报,2021,36(6):645-651.

［19］赵富学,彭小伟.体育课程思政建设的思维向度转换与推进理路生成[J].上海体育学院学报,2022,46(11):1-8.

［20］于朝阳,李思敏.高校体育课程中加强德育的探究和实践[J].思想理论教育导刊,2016(5):148-151.

［21］何玉海.关于"课程思政"的本质内涵与实现路径的探索[J].思想理论教育导刊,2019(10):130-134.

［22］赵富学,赵鹏.高校体育课程思政建设的组织协同与深度推进研究[J].南京体育学院学报,2022,21(9):1-7.

［23］陈向明.质的研究方法与社会科学研究[M].北京:教育科学出版社,2000.

［24］赵富学,陈蔚,王杰,等."立德树人"视域下体育课程思政建设的五重维度及实践路向研究[J].武汉体育学院学报,2020,54(4):80.

［25］王涛,李斌,卜淑敏.体育课程思政价值体系的生成路径与育人机制的三维构建[J].中国体育科技,2022,58(12):43-50.

［26］张丽红.当代医学生思想政治教育内容建构研究[D].长春:吉林大学,2018.

［27］张晓林,关清文,舒为平.《体育之研究》融入体育课程思政的具身认知、价值意蕴及实践向度[J].西安体育学院学报,2022,39(5):618-624.

［28］郭绍均.思想政治教育学科系统研究[D].兰州:兰州大学,2017.

［29］高超杰.关于思想政治教育学科界定的理论思考[D].长沙:中南大学,2014.

［30］邵媛.体育课程思政的历史考察、时代价值与发展路径研究[J].南京体育学院学报,2023,22(2):61-66.

［31］高鹏,代小丽."大思政"格局下高等体育院校课程思政的思考与探索——以北京体育大学为例[J].北京体育大学学报,2022,45(12):34-42.

［32］杜啸,刘芳枝.北京冬奥精神融入高校体育课程思政建设略探[J].学校党建与思想教育,

2022(24): 54-56.

[33] 张耀灿, 等.现代思想政治教育学[M].北京: 人民出版社, 2001.

[34] 高晓峰.体育课程思政的历史传承、理论内涵与实践路径[J].北京体育大学学报, 2022, 45(6): 36-47.

[35] 柴立森, 张锐.价值耦合: 体育课程思政的学理内蕴与实践路径的研究[J].北京体育大学学报, 2022, 45(6): 73-85.

[36] 王帆, 杨雪芹, 牟少华, 等.生命安全诉求下学校体育运动教育的价值[J].体育学刊, 2012, 19(1): 78-81.

[37] 姜卫芬, 刘文烁.新时代推进体育课程思政改革的理论认知与实践路径[J].天津体育学院学报, 2021, 36(4): 435-441.

[38] 章翔, 周刘华, 余佳萍, 等.新时代高校公共体育课程思政的目标任务、价值意蕴、建设模式与实践要旨[J].天津体育学院学报, 2023, 38(4): 380-384.

[39] 张亮亮, 陆卫明, 郭维刚.习近平新时代中国特色社会主义思想融入高校体育课程思政建设研究[J].西安体育学院学报, 2022, 39(6): 518-525.

[40] 吕钶, 邢方元.我国体育院校课程思政建设的特色优势、实践困局与优化路径[J].沈阳体育学院学报, 2022, 41(6): 35-42.

[41] 熊建生.构建"三个面向"的思想政治教育内容体系[J].思想教育研究, 2013(12): 16-19.

[42] 李在军, 刘美, 赵野田.课程育人: 高校体育类专业课程思政特征、难点及应对策略[J].沈阳体育学院学报, 2021, 40(3): 18-24, 32.

[43] 陈克正.新时代高校"体育+思政"协同融合育人体系的构建[J].思想理论教育导刊, 2020(9): 152-154.

[44] 张明, 袁芳, 梁志军.体教融合背景下高校排球课程思政理论与实践研究——女排精神融入排球普修课程的设计[J].北京体育大学学报, 2021, 44(9): 156-165.

[45] 王小安, 吴欣, 卢大学, 等.思想政治教育元素融入高校公共体育教学的价值阐释与路径创新[J].武汉体育学院学报, 2023, 57(7): 95-100.

[46] 董世军.现代思想政治教育载体论[D].长春: 吉林大学, 2008.

[47] 申国卿.立德树人: 太极拳课程思政建设的特色引领与历史自觉[J].武汉体育学院学报, 2022, 56(11): 70-77.

[48] 刘叶郁, 杨国庆.我国体育课程思政研究的政策引领、内容检视与发展方向[J].西安体

育学院学报, 2022, 39(4): 494–501.

［49］赵富学.习近平新时代体育强国思想的马克思唯物主义立场及价值引领[J].武汉体育
学院学报, 2019, 53(2): 5–11.

［50］王清梅, 钱俊伟.我国高校体育课程思政建设价值、困境与优化路径[J].体育文化导刊,
2023(6): 97–103.

［51］曲鲁平.我国青少年体质健康促进模型构建与运动干预研究[M].北京: 人民体育出版
社, 2021.